Gwen Bailey

Sprich die Sprache deines Hundes

Praxisorientierter Erziehungsratgeber

Über die Autorin

Gwen Bailey ist eine bekannte Tierpsychologin und Vorsitzende des Verbandes der tierpsychologischen Berater. Sie ist Magister der Zoologie und arbeitet seit 1988 für das Blue Cross; sie war die erste Person, die in England von einer nationalen Wohlfahrtsstelle für Tiere hauptamtlich als Tierpsychologin angestellt wurde. Sie hat erfolgreich Verhaltensprobleme bei Hunden behoben, die vom Blue Cross an neue Plätze vermittelt wurden. Darüber hinaus berät sie Halter, die ihre Hunde abgeben wollen, und hilft ihnen, das Problem und nicht den Hund loszuwerden. Gwen Bailey hält Vorträge an zahlreichen nationalen und internationalen Konferenzen und führt Trainingskurse für die Mitarbeiter verschiedener Tierschutzinstitutionen durch.

Zu ihren Veröffentlichungen zählen diverse Informationsblätter und ein Buch mit dem Titel «The Perfect Puppy».

DANKSAGUNG

Ich möchte meinem Freund und Mentor John Rogerson danken, der mir so viel über Hunde beigebracht hat. Dieses Buch konnte dank meiner Verbindung mit ihm entstehen, und ich bin ihm sehr dankbar, daß er mich an seinem Wissen teilhaben ließ, so daß auch ich Hunden und ihren Besitzern helfen konnte.

Auch möchte ich fünf geschätzten und begabten Freunden danken, deren Kommentare zur ersten Fassung dieses Buches unermeßlich viel zu dessen Verbesserung beigetragen haben. Es sind Julie Sellors, Stephen Sanders, Tony Orchard, Joanne Hetherington und Andrew Edney. Ihre Unterstützung war mir während der mühevollen Tage des Schreibens sehr willkommen.

Schließlich möchte ich dem Blue Cross danken, einer Institution, bei der ich länger, als ich es zunächst für möglich gehalten hatte, als Tierpsychologin angestellt war. Meine Arbeit dort hat es mir ermöglicht, sehr vielen Hunden und ihren Besitzern zu helfen und die zwischen ihnen bestehenden Mißverständnisse auszuräumen.

Es ist meine Hoffnung, daß ich mit diesem Buch dazu beitragen kann, derartige Mißverständnisse in Zukunft zu verhindern.

Für Winnie, meinen treuen Hunde-Freund,
der in den vergangen elf Jahren Teil meines Lebens war.

Gwen Bailey

Sprich die Sprache deines Hundes

Praxisorientierter Erziehungsratgeber

Müller Rüschlikon

Titel der englischen Originalausgabe: «Good Dog Behaviour»

Aus dem Englischen übersetzt von Norbert und Marianne Wengerek.

ISBN 3-275-01278-9

Herstellung: Hermann Lambrecht
Fotografien: David Dalton und Gwen Bailey
Einbandgestaltung: Andreas Pflaum
Gestaltung: Rolando Ugolini
Lithos: Colourscan, Singapur
Satz: ComArt, CH - 6330 Cham
Druck und Einband: New Interlitho, SpA, I - Milano
Printed in Hong Kong

INHALT

Vorwort

The Blue Cross (englische Wohlfahrtsstelle für Tiere)

Hunde sind Teil unseres Alltags, und für viele Menschen bedeuten sie sehr viel. Sie sind ein Quell der Inspiration für Künstler, Schriftsteller und Bildhauer, sie treten in Filmen und im Fernsehen auf, und ihre Porträts erscheinen auf einer ganzen Reihe von Produkten. Früher wurden Hunde in der Regel als Arbeitstiere eingesetzt, doch heutzutage ist ihre Rolle zumeist die eines Gefährten, der mit uns durchs Leben geht.

Ein Hund muß zufrieden sein und seine Bedürfnisse müssen gestillt werden, damit er ein guter Gesellschafter ist. Nur dann kann er sich auf eine Weise verhalten, die es uns erlaubt, in Freude mit ihm als Hausgenossen zusammenzuleben. Wenn er keine Aufgaben hat, braucht er ein Ventil für seine Energie und einen Zweck im Leben. Nur dann ist er in der Lage, sich so zu benehmen, daß wir als seine Besitzer damit einverstanden sind.

Doch leider wird das Tier mit seinen besonderen Bedürfnissen nur allzu oft vom Besitzer nicht verstanden, und in der Folge scheitert die Beziehung zwischen Mensch und Tier. Das daraus resultierende schlechte Verhalten des Hundes veranlaßt den Besitzer dazu, verschiedene Strafmaßnahmen zu ergreifen – vergeblich. Wenn eine so gefährdete Beziehung nicht rechtzeitig gekittet werden kann, ist der Hund in einer bedauernswerten Lage: Er verliert sein Zuhause und wird von den Menschen, die er kennt und liebt, abgelehnt. Wenn er noch Glück im Unglück hat, kommt er in die Obhut eines guten Tierheims. Dort kann er sich solange erholen, bis sich ein neuer Besitzer findet, der willens ist, sich des Tieres und seiner Probleme anzunehmen. Und der frühere Eigentümer, der den Hund großgezogen hat, verliert ein geliebtes Haustier und wird vielleicht – was noch schlimmer ist – einen weiteren Welpen mit den gleichen Unarten heranziehen, ohne seinen Fehler zu bemerken.

Die Verpflichtung des Blue Cross zur Verhaltensarbeit an Tieren gründet sich auf die Überzeugung, daß, wenn die Hundehalter ihre Tiere besser verstehen, weniger Hunde «Fehlverhalten» zeigen und daher auch seltener aufgegeben oder ausgesetzt werden. Je mehr man von Hunden und ihrem Verhalten versteht, umso besser und liebevoller wird man mit seinen Tieren umgehen, deren Lebensqualität sich auf diese Weise ganz beträchtlich erhöht.

Dieses Buch soll zu einem besseren Einvernehmen von Hund und Halter führen und wird vom Blue Cross unterstützt. Alle erfolgreichen Beziehungen müssen erarbeitet werden, so auch die von Mensch und Hund. Mit Hilfe dieses Buches kann es zu einem Verständnis kommen, das sich nicht in Worte fassen läßt, und das Ergebnis ist ein wohlerzogener Hund, mit dem Sie gerne viele glückliche Jahre verbringen werden.

1

KAPITEL EINS

ALLE HUNDE KÖNNEN GUT ERZOGEN SEIN

Gern besäße jeder einen Hund, der loyal, freundlich und niemals ungezogen ist und jeden Befehl genau befolgt. Die meisten Menschen jedoch haben einen Hund, dessen Benehmen alles andere als vollkommen ist, und sie tolerieren verschiedene Verhaltensweisen, die gar nicht mit ihren Vorstellungen von gutem Benehmen übereinstimmen.

Grundsätzlich kann aber jedes Tier gut erzogen werden. Der Hundebesitzer benötigt dazu lediglich etwas mehr Kenntnisse über den Hund, und er muß sein Verhalten ihm gegenüber ändern. Dieses Buch wird Ihnen dabei helfen.

Terrier lieben Spielsachen, die quietschen, denn sie wurden so gezüchtet, daß sie kleine Tiere fangen und töten.

Warum ist Ihr Hund so, wie er ist?

Der Charakter eines erwachsenen Hundes hängt von den Genen ab, die er von seinen Eltern und Vorfahren geerbt hat, und von der Umgebung, in der er aufgewachsen ist. Beides hat Auswirkungen auf seine Persönlichkeit, sein Temperament und seine Fähigkeiten und folglich auch auf sein Verhalten.

Die genetischen Einflüsse gründen äußerst tief. Unsere Haushunde stammen von Wölfen ab, und Wölfe sind effiziente Jäger großer Beu-

tetiere; sie jagen gemeinsam, im Rudel. Dazu müssen sie sozial veranlagt und kommunikativ sein – beides Faktoren, die sie zu bestgeeigneten Vorfahren unserer domestizierten Hunde machen. Darüber hinaus besitzen Wölfe ein instinktives Jagdverhalten, das eine gute Voraussetzung bietet, um die Arbeitsrassen daraus zu züchten. Wir selektionierten die Eigenschaften, die wir am meisten schätzten, und erzeugten auf diese Weise eine Vielzahl von Hundearten, die verschiedenen Zwecken dienen. Die unterschiedlichen Rassen haben bestimmte Merkmale, die sich ihre Vorfahren für ihre jeweilige «Aufgabe» erworben hatten. Collies etwa werden mit einem starken Jagdinstinkt und mit dem Hang, sich bewegende Objekte zu hüten, geboren. Terrier spielen gern mit Gegenständen, die Quietschlaute von sich geben und die sie schütteln und «totbeißen» können. Dackel und Terrier, die gezüchtet wurden, damit sie in Tierbauten eindringen können, graben gerne, und Bullterrier verbeißen sich gern in Gegenstände und zerren daran.

Während die Gene die Verhaltensmuster eines Hundes bestimmen, trägt seine Umgebung dazu bei, diese Muster zu entwickeln und zu festigen. Hunde, die in unterschiedlichen Umgebungen und Situationen heranwachsen, haben auch unterschiedliche Eigenschaften. So wird ein Tier, das von klein auf in freundlicher Atmosphäre und mit vielen Kindern und Tieren aufwächst, freundlich, verspielt und sozial veranlagt sein, während ein Hund, den man

Welpen lernen gegenseitig ihre Stärken und Schwächen kennen, wenn sie miteinander spielen.

Ein Springerspaniel steckt meist voller Energie und apportiert aufgrund seiner genetischen Anlagen sehr gerne.

die meiste Zeit einsperrt, eher scheu und ängstlich ist. Ein Hund mit herrschsüchtigen Besitzern wird nicht viel von sich und seinen Fähigkeiten halten, und ein Tier mit nachsichtigen, gelassenen Herren hat tendenziell mehr Selbstvertrauen.

Frühe Erfahrungen, besonders während des ersten Lebensjahres, prägen den Charakter am stärksten. Doch Hunde sind sehr anpassungsfähig und werden ihr Verhalten während ihres ganzen Lebens aufgrund wechselnder Erlebnisse und Umwelteinwirkungen ändern. Es ist unmöglich zu sagen, ob Gene oder Umgebung mehr Einfluß auf den Charakter eines erwachsenen Hundes nehmen. Beide Faktoren spielen eine Rolle und hängen untrennbar zusammen. Beides ist zu bedenken, wenn man verstehen möchte, warum ein Hund so ist, wie er ist.

DER JAGDABLAUF BEIM HUND

Die Jagdphasen laufen beim Wolf wie folgt ab:

1 SPUREN SUCHEN, BEUTE FINDEN

2 BLICK AUF BEUTE FIXIEREN UND REGUNGSLOS VERHARREN

3 ANSCHLEICHEN

4 JAGEN

5 BEUTE SCHNAPPEN

6 TÖDLICHER BISS

7 ZERREISSEN

8 FRESSEN

9 APPORTIEREN UND VERGRABEN, WAS NICHT VERZEHRT WIRD

Der Mensch hat die verschiedenen Jagdphasen beim Hund etwas modifiziert, damit er Tiere hat, die sich für unterschiedliche «Arbeiten» eignen.

2 & **9**: Apportierhunde
2, 3 & **4**: Hüte- oder Schäferhunde
1 & **4**: Jagdhunde
5 & **6**: Terrier

WELCHE RASSE IST DIE RICHTIGE FÜR SIE?

Die sorgfältige Auswahl eines Hundes gibt Ihnen die Gewähr, ein Tier mit einer zu Ihnen passenden genetischen Ausstattung erworben zu haben.

Labradorhunde sind von Natur aus gute Schwimmer und apportieren für Ihren Besitzer gern Objekte aus dem Wasser.

1 Labrador Retriever

- Zuchtziel: Fische und Wild aus eisigem Wasser apportieren
- Aktivitätsgrad: ◆◆◆
- Eigenschaften: gutmütig, sehr lebhaft, fügsam

Der deutsche Schäferhund zeigt ein ausgeprägtes Territorialverhalten und beschützt im allgemeinen gern.

2 Deutscher Schäferhund

- ❖ Zuchtziel: hüten und bewachen
- ❖ Aktivitätsgrad: ◆◆◆◆
- ❖ Eigenschaften: hellwach, aufmerksam, unermüdlich

3 Border Collie / Hirtenhund

- ❖ Zuchtziel: Schafe hüten
- ❖ Aktivitätsgrad: ◆◆◆◆◆
- ❖ Eigenschaften: ausdauernd, arbeitswillig, gehorsam

Wie die meisten Terrier gräbt auch der Jack Russell gern.

4 Jack Russell Terrier

- ❖ Zuchtziel: Ratten und Füchse töten
- ❖ Aktivitätsgrad: ◆◆◆◆
- ❖ Eigenschaften: hellwach, wagemutig, hartnäckig

5 West Highland White Terrier

- ❖ Zuchtziel: Ratten und Füchse töten
- ❖ Aktivitätsgrad: ◆◆◆◆
- ❖ Eigenschaften: aktiv, resolut, starkes Selbstvertrauen

Der West Highland White Terrier schüttelt und «tötet» seine Spielsachen.

6 Golden Retriever

- ❖ Zuchtziel: apportieren von Wild
- ❖ Aktivitätsgrad: ◆◆
- ❖ Eigenschaften: wachsam, aufmerksam, unermüdlich

Zwei Golden Retriever.

7 Englischer Springerspaniel

- ❖ Zuchtziel: aufstöbern und apportieren von Wild
- ❖ Aktivitätsgrad: ◆◆◆◆◆
- ❖ Eigenschaften: freundlich, gefügig

Unten: Die unerschöpfliche Energie, Bewegungsfreude und Willfährigkeit des Springers machen ihn zu einem idealen Arbeitshund.

OBEN: Ein Cockerspaniel in vollem Lauf beim Aufstöbern von Wild.

RECHTS: Staffordshire Bull Terrier sind mutig und furchtlos.

8 COCKERSPANIEL

- ❖ ZUCHTZIEL: aufstöbern und apportieren von Wild
- ❖ AKTIVITÄTSGRAD: ◆◆◆◆
- ❖ EIGENSCHAFTEN: lebhaft, temperamentvoll, anhänglich

9 STAFFORDSHIRE BULL TERRIER

- ❖ ZUCHTZIEL: Kampf mit anderen Hunden
- ❖ AKTIVITÄTSGRAD: ◆◆◆
- ❖ EIGENSCHAFTEN: mutig, tapfer, furchtlos

10 Yorkshire Terrier

- Zuchtziel: Ratten töten
- Aktivitätsgrad: ◆◆◆
- Eigenschaften: wachsam, intelligent, beherzt

Yorkshire Terrier sind beherzte kleine Hunde, die gerne spielen.

Boxer sind anhänglich, überschwenglich und lebensfroh. Sie können liebenswerte Haustiere sein – vorausgesetzt, Spiel und Auslauf kommen nicht zu kurz.

11 Cavalier King Charles Spaniel

- Zuchtziel: Begleithund
- Aktivitätsgrad: ◆
- Eigenschaften: anhänglich, freundlich

12 Boxer

- Zuchtziel: Bären und Wildschweine jagen
- Aktivitätsgrad: ◆◆◆◆
- Eigenschaften: lebhaft, stark, treu

MISCHLINGE UND KREUZUNGEN

Mischlinge weisen Elemente der verschiedenen «reinrassigen» Vorfahren auf. Sie sind eine wahre Mixtur aus genetischen Anlagen, die vom Besitzer durch die Erziehung betont oder abgeschwächt werden können. Sie sind gute «Allzweckhunde» und meist ausgezeichnete Haustiere.

Kreuzungen (von reinrassigen Eltern unterschiedlicher Rassen) enthalten eine Mixtur der Eigenschaften beider Rassen. Gegenüber reinrassigen Hunden haben sie den Vorteil, weniger mit inzuchtbedingten Gesundheitsstörungen belastet zu sein. Am erfolgreichsten sind meist die Kreuzungen, bei denen sich ein sanftmütiges, stilles Wesen mit einem reaktionsschnellen Temperament verbindet.

DER RICHTIGE HUND FÜR DIE RICHTIGE SITUATION

Betrachtet man die Merkmale einer jeden Rasse, so kann man feststellen, daß jede Eigenschaft auch einen negativen Aspekt besitzt, wenn sie nicht richtig gefördert wird. Es kann zum Beispiel von Vorteil sein, einen wachsamen Hund zu besitzen, der schnell auf Ihre Aufforderungen reagiert, aber ein Hund, der lebhaft ist und auf jedes kleine Geräusch von draußen reagiert, kann schnell zur Plage werden.

Das Bedürfnis nach Auslauf hängt nicht unbedingt von der Größe des Hundes ab. Der riesige irische Wolfshund zum Beispiel ist oft weniger aktiv als andere, kleinere Hunde.

Die überschüssige Energie sehr aktiver Hunde läßt sich mit lebhaftem Spiel kanalisieren.

Ähnlich mag es angenehm sein, einen lebhaften und energiegeladenen Hund zu haben, wenn man selbst ein ausgeprägter Bewegungstyp ist; aber an Tagen, an denen man kein Verlangen hat, viel zu unternehmen, kann die Energie des Hundes zu unerwünschter Betriebsamkeit und schlechtem Verhalten führen.

Für das Aufbauen einer glücklichen Beziehung ist es unerläßlich, daß Sie einen Hund mit den Eigenschaften wählen, die am besten zu Ihren Bedürfnissen passen.

AUCH EIN ALTER HUND KANN NEUE TRICKS LERNEN

Das alte Sprichwort: «Man kann einem alten Hund keine neuen Tricks beibringen», trifft einfach nicht zu! Für eine Existenz, die auf dem Erfolg beim Jagen oder beim Aufspüren von Freßbarem beruht, ist Anpassungsfähigkeit eine unabdingbare Voraussetzung. Diese Eigenschaft wurde unseren domestizierten Hunden vererbt; sie sind flexibel und ihr Leben lang für Veränderungen empfänglich. Nicht akzeptables Benehmen bei Hunden kann in tolerierbare Bahnen gelenkt werden, und es lassen sich neue Verhaltensweisen entwickeln. Viele Besitzer, brächten sie etwas mehr Verständnis auf, könnten Hunde haben, die sich gut benehmen, und sie könnten das Verhalten ihrer Hunde zum Besseren wenden.

Es ist zwar relativ leicht, das Verhalten eines Hundes zu ändern, aber es ist unwahrscheinlich, daß es Ihnen gelingen wird, den Charakter eines Hundes grundlegend zu ändern, sobald er einmal ausgewachsen ist. Ein scheuer, unterwürfiger Hund etwa wird wohl kaum zu einem extrovertierten, vor Selbstvertrauen strotzenden Wesen werden. Es hängt viel davon ab, daß Sie realistisch einschätzen, in welchem Ausmaß Sie das Verhalten Ihres Hundes beeinflussen können; doch mit einigen Kenntnissen, mit Verständnis und etwas Mühe kann auch der widerspenstigste Hund gezähmt werden.

Ältere Hunde benötigen möglicherweise mehr Zeit, um Neues zu lernen, weil Sie gegen etablierte Verhaltensmuster angehen müssen. Doch jeder Hund wird bereitwillig neue Verhaltensweisen annehmen, wenn dies für ihn von Vorteil ist.

DER VOLLKOMMENE WELPE

Wenn Sie einen Welpen zu sich nehmen, beginnen Sie mit einem mehr oder weniger unbeschriebenen Blatt. Den Hund großzuziehen beansprucht viel Zeit und Mühe, aber zumindest haben Sie dann die Gewißheit, mögliche Erziehungsfehler selbst gemacht zu haben.

Die meisten Methoden, einem Hund Benimm beizubringen, kann man bei alten und jungen Tieren anwenden; sie werden in diesem Buch beschrieben. Doch für die Aufzucht eines Welpen ist die Sozialisierung von ganz besonderer Bedeutung. Ein Grunderfordernis besteht darin, daß ein Hund mit Menschen und Tieren freundlich umgeht. Und das hängt von der Menge und der Qualität der sozialen Kontakte während seines Heranwachsens ab.

Die ersten Wochen im Leben eines Welpen sind sehr wichtig, vor allem die Spanne bis zum Alter von zwölf Wochen. Während dieser Zeit nähert sich ein Welpe allem Unbekannten völlig sorglos. Begegnet er vielen Erwachsenen, Kindern und Tieren, so ist es wahrscheinlicher, daß er später im Leben keine Angst vor ihnen hat und gesellig ist.

Wenn ein Welpe älter wird, zeigt er gegenüber Unbekanntem größere Zurückhaltung,

Es ist nicht ratsam, Welpen zu kaufen, die älter als acht Wochen sind – es sei denn, sie wären gut sozialisiert und zusammen mit Menschen groß geworden.

IMPFUNGEN ODER SOZIALISIERUNG?

Sie werden Ihren Welpen so lange gegen ansteckende Krankheiten schützen müssen, bis er selbst ausreichend Abwehrkräfte entwickelt hat. Konsultieren Sie Ihren Tierarzt; bitten Sie ihn um Informationen über die Gesundheitsverhältnisse in Ihrem Wohngebiet, und lassen Sie sich von ihm beraten, wie Sie Ihren Welpen vor Ansteckung bewahren können. Man muß immer einen Mittelweg finden, denn zum einen soll Ihr Welpe vor Krankheiten geschützt werden, und zum anderen soll er nicht aus Mangel an sozialem Kontakt zu einem scheuen und ungeselligen Tier heranwachsen. Mit etwas Bedacht ist es möglich, einen Kompromiß zu finden und Ihren Welpen gesund zu erhalten, dabei aber sicherzustellen, daß er eine angemessene Sozialisierung durchläuft und zutraulich und gegenüber Menschen und Hunden freundlich ist.

und die Sozialisierung wird schwieriger. Deshalb ist es entscheidend, einen Welpen bei einem Züchter zu kaufen, der sorgfältig darauf achtet, daß die Sozialisierung gute Fortschritte gemacht hat, bevor er das Tier abgibt. Lassen Sie sich nicht dazu verleiten, einen Welpen von jemandem zu kaufen, der Ihnen das Tier liefert oder der zahlreiche Würfe, oft von verschiedenen Rassen, zum Kauf anbietet. Kaufen Sie nur an einem Ort, an dem die Welpen in einer häuslichen Umgebung gehalten werden oder an dem jeder Welpe genug individuelle Zuwendung bekommt, um ihn zutraulich und aufgeschlossen zu machen.

Seien Sie besonders behutsam, wenn Ihr Welpe scheu oder empfindlich ist, und bieten Sie ihm reichlich Gelegenheit, seine Furcht zu überwinden.

Es ist auch nicht ratsam, einen Welpen zu kaufen, der älter als acht Wochen ist, es sei denn, er wäre getrennt von anderen Hunden gehalten worden und hätte gelernt, sich Menschen gegenüber gut zu verhalten. Nimmt man einen Welpen, der zwar ausgiebig mit anderen Hunden gespielt, aber wenig Kontakt zu Menschen gehabt hat, so ist er möglicherweise als Haustier nicht besonders gut geeignet.

Sobald Sie den Welpen abgeholt haben, müssen Sie den wichtigen Sozialisierungsprozeß fortsetzen (oder aber versuchen, Versäumtes wettzumachen). Führen Sie das Tier aus, unternehmen Sie so viel wie möglich mit ihm, treffen Sie sich mit Menschen unterschiedlichen Alters und Charakters. Achten Sie aber darauf, Ihren Welpen zunächst nicht mit einer Vielzahl von Eindrücken zu überwältigen. Gestatten Sie ihm, alle Annäherungsversuche von sich aus zu machen. Wollen Sie sicher sein, daß der Hund sein ganzes Leben lang freundlich und an Menschen interessiert bleibt, muß die Sozialisierung fortgesetzt werden, bis aus ihm ein reifer, erwachsener Hund geworden ist.

Seien Sie besonders behutsam, wenn Ihr Welpe scheu oder sensibel ist. Geben Sie ihm mehr Zeit, aus sich herauszugehen. Sorgen Sie dafür, daß seine Erfahrungen mit Menschen und Tieren angenehm sind. Achten Sie auf seine Körpersprache (s. S. 33), um festzustellen, ob etwas für ihn erfreulich ist oder nicht, und schreiten Sie im letzteren Fall ein. Denken Sie voraus, um ihm Unliebsames zu ersparen. Verläuft sein junges Leben glücklich, wird er glauben, die Welt sei sicher und behaglich, und das macht ihn freundlich und kontaktfreudig.

Viele glückliche Stunden mit Kindern und Erwachsenen tragen dazu bei, daß sich ein Welpe zu einem freundlichen Hund entwickelt.

2

KAPITEL ZWEI

SPRICH DIE SPRACHE DEINES HUNDES

Der Grund, warum Hunde als Haustiere so beliebt sind, liegt darin, daß sie uns in vielem ähnlich sind. Diese Ähnlichkeiten verleiten uns aber oft zu der Annahme, sie seien in jeder Hinsicht wie wir – eine weniger komplizierte, bepelzte Variante unserer selbst oder unserer Kinder. Häufig erwarten wir, daß sie wie kleine Menschen denken und sich so benehmen. Das können sie aber nicht. Alles, was sie können, ist: Hund sein. Man übersieht oft, daß sie einer völlig anderen Spezies angehören und daher auch ganz anders veranlagt sind, was zwischen uns und ihnen Probleme verursachen kann. Zu verstehen, was ein Hund kann oder nicht, und seine physischen und mentalen Grenzen zu kennen, ist nötig, um realistische Erwartungen an seine Fähigkeiten zu stellen.

Seine physische Welt

Es mag allzu offensichtlich sein, wenn man sagt, Hunde erlebten die Vorgänge auf einer anderen Ebene als wir. Aber stellen Sie sich nur einmal vor, wie es sein muß, in einer Welt zu leben, in der Sie die Gesichter der Tiere nicht sehen können, denen Sie dort «begegnen», wo sie umherlaufen, und wenn die interessantesten Dinge, die sie tun, etwa das Fressen, sich weit von Ihnen entfernt abspielen. Wie muß es wohl sein, in einem Haus zu leben, in dem Sie nicht aus den Fenstern blicken können, ohne eine ganz besondere Anstrengung zu unternehmen, und in dem der Fokus Ihrer Welt auf Kniehöhe liegt? Sich auf die Höhe der Hunde zu begeben und die Dinge aus ihrer Perspektive zu betrachten, vermittelt einen erstaunlich anderen Eindruck von der Welt, in der wir und sie leben.

Hunde müssen ihr Verhalten anpassen, wenn sie in der Welt des Menschen leben.

DIE SINNE EINES HUNDES

Pfoten und Kiefer

Diese Tatsache liegt auf der Hand: Ein Hund besitzt keinen den Fingern gegenüberliegenden Daumen. Das bedeutet, daß er Gegenstände nicht einfach mit den Pfoten packen kann und deshalb oft in Situationen, in denen wir unsere Hände benutzen würden, das Maul benutzt.

Hunde schlagen den Menschen nicht, wenn sie ärgerlich sind, sondern sie beißen. Sie lernen, das Maul sehr präzise zu verwenden, und sobald sie die nötige Erfahrung haben, werden sie ihre Zähne nur selten unabsichtlich mit der menschlichen Haut in Kontakt bringen. Anders gesagt: Wenn ein Hund zuschnappt, sein Ziel aber verfehlt, war dies vermutlich Absicht! Hunde untersuchen auch unbekannte Gegenstände, indem sie das Maul so einsetzen, wie wir den Tastsinn. Da ihr Maul voller Zähne ist, die Schaden anrichten können, bringt sie diese Art der Erforschung oft in Schwierigkeiten, zumal wenn sie Welpen sind.

Das Bedürfnis, neue Dinge mit dem Maul zu erforschen, bringt Hunden oft Ärger ein.

EINE RIECHENDE TATSACHE

Eine schwache Salzlösung ist für den Menschen geruchlos, aber ein Hund kann sogar einen in 60 Liter Wasser aufgelösten Teelöffel Salz riechen.

Ein weiterer wesentlicher Unterschied zu unserer Spezies besteht darin, daß wir als Primaten gern andere Wesen berühren, umarmen, an uns drücken und knuddeln, um Zuneigung auszudrücken. Hunde suchen jedoch kaum diese körperliche Nähe, es sei denn, sie kämpfen miteinander oder paaren sich. Deshalb beißt mancher Hund, wenn man ihn umarmt oder streichelt, vor allem, wenn Kinder es tun. Soll er unsere Liebesbezeugungen akzeptieren, so muß man ihn allmählich daran gewöhnen, vorzugsweise solange er noch ein Welpe ist.

Ausgezeichnete Spürnasen

Kommt ein Hund in eine neue Umgebung, so gehört mit zum ersten, was er tut, daß er seine Nase auf den Boden drückt und schnüffelt. Ein Mensch in der gleichen Situation würde sich umsehen. Begegnet ein Hund einem anderen Hund oder einem Menschen, so wird er sie beschnuppern, und zwar typischerweise an den peinlichsten Stellen, weil dort der Geruch am stärksten ist. Ein Mensch schaut (glücklicherweise!) nur. Mensch und Tier sammeln Informationen über ihre Welt, aber die Art, wie sie es tun, zeigt einen der wesentlichsten Unterschiede zwischen ihnen. Wir leben vorwiegend in einer Welt visueller Eindrücke, während Hunde in einer Welt von Gerüchen leben. Ihr Geruchssinn leistet nach unseren Maßstäben Unglaubliches. Sie besitzen viel mehr und besser funktionierende Zellen in der Nase, um unterschiedliche Gerüche aufzuspüren (der Bereich, der der Geruchserkennung dient, ist 14mal größer als bei uns); der Teil des Gehirns, der diese Informationen empfängt, ist erheblich weiter entwickelt. Deshalb können Hunde eine Vielzahl selbst sehr schwacher Gerüche wahrnehmen und identifizieren.

Hunde sammeln viele Informationen, indem sie an Plätzen schnüffeln, die von anderen Hunden markiert wurden.

Gerüche am Boden bedürfen sorgfältiger Prüfung.

Diese Fähigkeit ermöglicht es ihnen, mit einer Nase voll Luft viel mehr Informationen

TARNUNG DURCH GERUCH

Warum sich ein Hund in stark riechenden Substanzen wälzt, wurde niemals völlig geklärt. Möglicherweise stammt dieses Verhalten aber aus jener Zeit, in denen die Vorfahren der Hunde ähnlich wie ihre Umgebung riechen mußten, um bei der Jagd Erfolg haben zu können.

aufzunehmen, als wir uns vorstellen können. Spazierenzugehen und die Gerüche anderer Hunde zu erschnüffeln muß so ähnlich sein, als würde man sich ein Video ansehen, das alle Menschen zeigt, die in letzter Zeit vorbeigekommen sind. Informationen über Geschlecht, Gesundheitszustand oder sozialen Status können über Urin und Kot weitergegeben werden. So tun die meisten männlichen und manche weiblichen Hunde ihre Anwesenheit und ihr Befinden über das Markieren aller verfügbaren Laternenpfähle und Grasbüschel kund.

Obwohl wir nicht im Entferntesten ahnen, wie es ist, wenn man Gerüche in der Art aufspürt, wie ein Hund es tut, hilft das Wissen, daß er in einer anderen Sinneswelt lebt, doch dabei, ihn besser zu verstehen. Es erklärt einige seiner spezifischen Gewohnheiten, etwa die, daß er alles beschnüffelt, mit dem er in Kontakt kommt, daß er mit den Hinterpfoten Erde aufscharrt, nachdem er sein Geschäft verrichtet hat (Hunde haben Geruchsdrüsen zwischen den Ballen), und daß er sich an Stellen wälzt, an denen wir es gar nicht gerne sehen.

FEINER GESICHTSSINN

Hunde sehen nicht so gut wie Menschen. Sie können Farben sehen, aber nicht so gut wie wir, und sie können zwischen bestimmten Farben, etwa Rot und Grün, nicht so leicht unterscheiden. Ein Hund, der beispielsweise auf einer grü-

DIE ÜBERLEGENEN SINNESLEISTUNGEN EINES HUNDES EINSETZEN

Der Mensch hat sich den unglaublichen Geruchssinn des Hundes auf verschiedene Arten zunutze gemacht: um Drogen oder Sprengstoff aufzuspüren, vermißte Menschen zu finden, Verbrecher zu verfolgen, bei Erdbeben oder von Lawinen verschüttete Überlebende aufzuspüren, Wild zu jagen oder, in jüngerer Zeit, in Gebäuden Holzschwamm und Termiten ausfindig zu machen, im Wasser versunkene Körper zu finden oder Hautkrebs und andere Krankheiten zu entdecken. Für solche Aufgaben sind Hunde besser geeignet als jede Maschine – sie sind werbewirksamer, sorgfältiger, zuverlässiger, billiger, und die Arbeit mit ihnen macht mehr Spaß!

DIE DINGE ANDERS BETRACHTEN

Hunde besitzen einen größeren Gesichtskreis als Menschen. Dies befähigt sie, Dinge hinten und auf den Seiten zu sehen. Der Grad an Überschneidung (schattierte Fläche) bestimmt, wie gut das Tier Distanzen abschätzen kann.

OBEN: Der Mensch hat einen Gesichtskreis von etwa 100 Grad.

OBEN RECHTS: Der Whippet hat einen Gesichtskreis von etwa 200 Grad.

RECHTS: Manche Hunde, wie etwa der King Charles Spaniel, wurden so gezüchtet, daß ihr Blick nach vorn gerichtet ist. Dadurch wird ihre Physiognomie der des Menschen etwas ähnlicher; sie haben aber nur einen eingeschränkten Gesichtskreis.

Langhaarige Rassen mit über die Augen hängendem Fell besitzen einen stark eingeschränkten Gesichtskreis. Es ist das Beste, das Fell nach hinten zu binden, damit der Hund richtig sehen kann.

nen Wiese einen roten Ball sucht, wird vermutlich eher seine Nase als seine Augen einsetzen. Hunde sehen jedoch besser als wir, wenn das Licht schwächer ist. Eine reflektierende Schicht auf der Rückseite ihrer Augen erlaubt es ihnen, das einfallende Licht besser zu nutzen, denn es wird gebündelt und wiederverwendet. Deswegen glänzen ihre Augen unheimlich, wenn der Lichtstrahl eines Scheinwerfers oder einer Taschenlampe auf sie trifft.

Während wir statische Formen leicht erkennen und schnell zwischen zwei Gegenständen unterscheiden können, sehen Hunde die Dinge besser, sobald sich diese bewegen. Sie können selbst geringfügigste Bewegungen wahrnehmen, und das macht sie zu erfolgreichen Jägern. In unserer Welt bemerkt ein Hund auch sehr subtile Bewegungen; das ermöglicht ihm, schon im Bruchteil einer Sekunde, bevor wir etwas gesagt haben, zu erkennen, daß wir zum Beispiel mit ihm spazierengehen wollen.

Beeindruckendes Gehör

Hunde hören besser als wir. Zum einen hören sie schärfer – ein Geräusch, das eine Person in 100 Metern Entfernung gerade noch vernimmt, hört ein Hund noch in bis zu 450 Metern Entfernung –, zum anderen nehmen sie höhere Frequenzen wahr. Unser Hörvermögen reicht bis etwa 20 kHz, das von Hunden

RECHTS: Hunde mit langen, flauschigen Ohren, etwa der Cockerspaniel, können Geräusche in der Regel weniger gut wahrnehmen und lokalisieren.

GERÄUSCHEMPFINDLICHKEIT

Hunde, die früher für die Arbeit mit Viehherden eingesetzt wurden, etwa Collies, haben ein sehr empfindliches Gehör, und so bereitet es ihnen wahrscheinlich eher Schwierigkeiten, in einer sehr geräuschvollen Umgebung zu leben, und sie neigen mehr als andere Hunde dazu, Lärmphobien zu entwickeln.

hingegen bis mindestens 35 kHz, so daß sie im Ultraschallbereich hören können. Sie scheinen auch fähig zu sein, zwischen zwei Geräuschen zu unterscheiden, die uns gleich vorkommen. Wahrscheinlich hat diese Sinnesleistung mehr als jede andere zu dem Glauben geführt, Hunde hätten einen sechsten Sinn. Dank ihres überlegenen Hörvermögens bemerken Hunde etwa die Heimkehr ihres Besitzers viel früher als eine Person, die sich im selben Raum aufhält. Ein Hund hört Laute, die wir nicht vernehmen können, etwa eine «geräuschlose» Hundepfeife, und er kann uns auf die Anwesenheit von Eindringlingen oder andere Geräusche in der Umgebung schon lange, bevor uns etwas zu Ohren gekommen ist, aufmerksam machen.

BEWEGLICHE OHREN

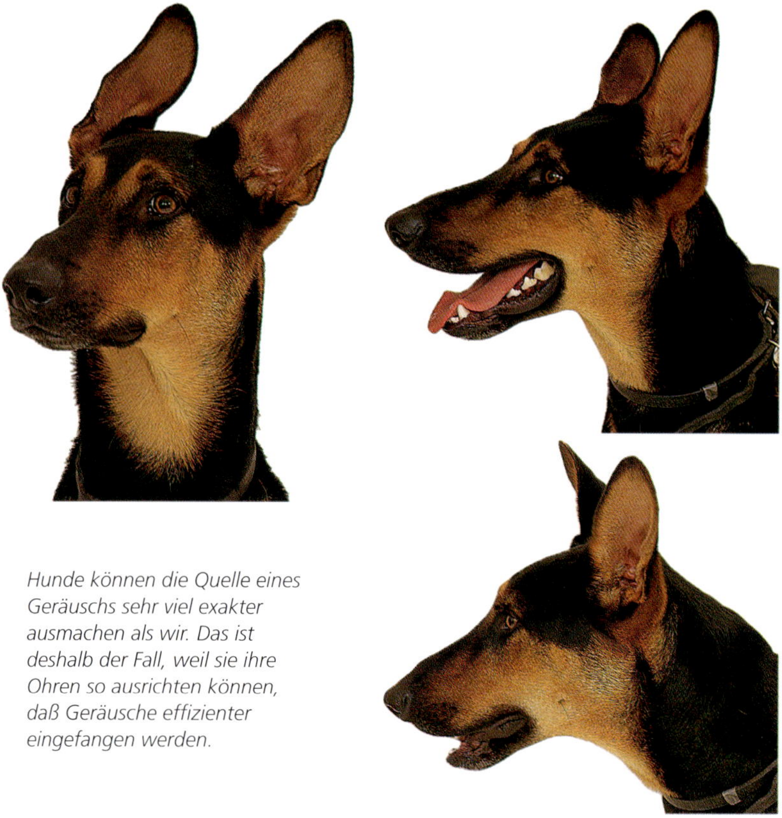

Hunde können die Quelle eines Geräuschs sehr viel exakter ausmachen als wir. Das ist deshalb der Fall, weil sie ihre Ohren so ausrichten können, daß Geräusche effizienter eingefangen werden.

VERSCHIEDENE VERSTÄNDIGUNGSMÖGLICHKEITEN

Die alltägliche Kommunikation unter erwachsenen Hunden vollzieht sich vor allem über die Körperhaltung und über Duftmarken. Wir verlassen uns hingegen sehr auf das gesprochene (oder geschriebene) Wort; Körpersprache und Düfte sind für uns zweitrangig.

KÖRPERSPRACHE ODER GESPROCHENES WORT

Weil sie es nicht besser wissen, gehen Hunde davon aus, daß unsere Kommunikationsmethode der ihren ähnlich ist; deshalb werden sie versuchen, über Körperhaltung und -zeichen mit uns zu kommunizieren. Ein Hundebesitzer muß wissen, worauf er zu achten hat, damit er diese lebenswichtigen Signale seines Haustiers nicht übersieht.

Darüber hinaus wird ein Hund auch auf unsere Körpersprache achten, um herauszufinden, was wir von ihm erwarten. Deshalb begreifen Hunde mit Hand und Arm gegebene Signale sehr viel schneller als gesprochene Befehle. Mit einer offensichtlichen Hand- oder Armbewegung in die Richtung zu deuten, in die der Hund sich voranbewegen soll, ist überraschend wirkungsvoll, ganz besonders dann, wenn das Tier mit diesem Signal vertraut ist. Kommt Ihr Hund etwa mit einem frisch ausgebuddelten Knochen aus dem Garten herein, um ihn auf dem Teppich abzulegen, wird Ihr Schimpfen vielleicht gar nichts nützen. Doch den Hund zum Hinausgehen aufzufordern, indem Sie vorangehen und zusätzlich mit einer eindeutigen Handbewegung in die Richtung deuten, in die er gehen soll, wird ihm viel besser zu verstehen geben, was Sie von ihm verlangen.

DUCKEN

Dieses Ducken ist die allgemeine Aufforderung zum Spielen. Wird die Position plötzlich eingenommen, so folgt darauf gewöhnlich eine vehemente Kraftprobe zwischen zwei verspielten

Das Ducken ist eine offensichtliche Einladung zum Spielen.

Hunden. Nimmt ein Hund diese Haltung vor einem Menschen ein, so fragt er damit, ob man nicht mit ihm spielen möchte.

Der ängstliche Hund

Verängstigte Hunde verlagern einen Großteil ihres Gewichts auf die Hinterläufe, um sofort losrennen zu können. Sie halten den Kopf hoch, um sich nötigenfalls mit einem Biß verteidigen zu können. Der Schwanz ist gesenkt oder eingeklemmt, die Ohren sind nach hinten gelegt, liegen aber nicht flach am Kopf an. Die Tiere holen oft mit kurzen, scharfen Atemzügen Luft und gähnen eventuell häufig. In extremen Fällen oder wenn der Angstzustand zu lange andauert, beginnen sie zu zittern. Das Weiße der Augen wird sichtbar, denn die Hunde reißen die Augen soweit wie möglich auf. Die Pupillen sind oft stark geweitet, und deshalb bekommen die Augen mitunter einen rötlichen Schimmer. Wenn die Augen rot und glasig wirken, ist der

Der Schwanz dieses Hundes ist gesenkt, und seine Ohren sind nach hinten gelegt – er fürchtet sich.

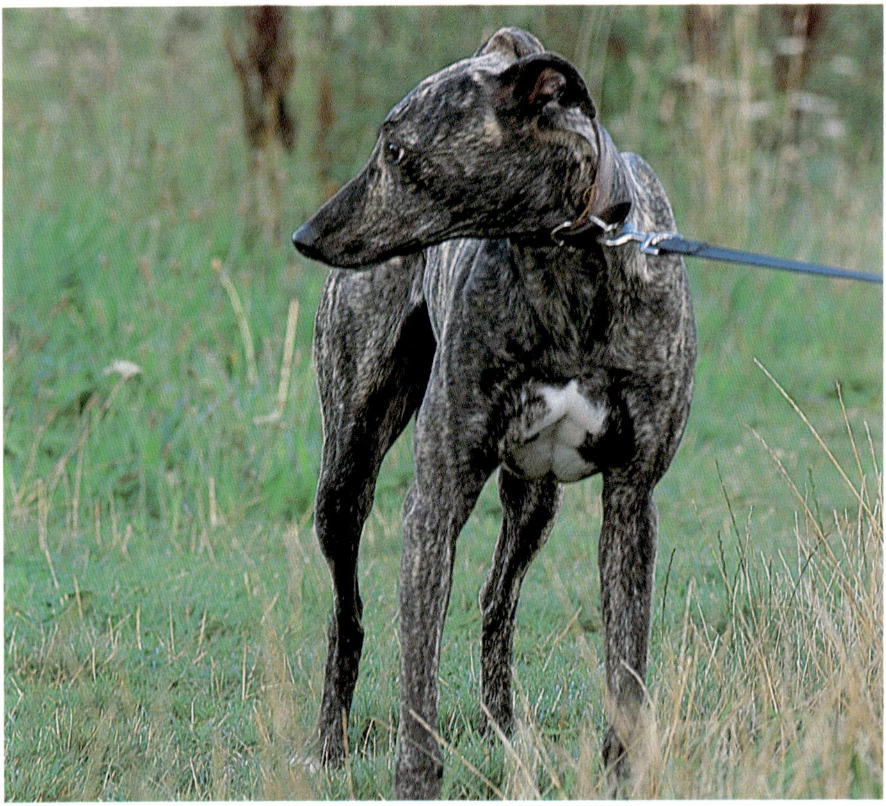

Hund sehr stark verängstigt; man sollte sich ihm vorsichtig nähern, denn er könnte rasch zubeißen, um sich zu verteidigen. Die Nackenhaare und die Haare auf der Wirbelsäule können gesträubt sein, vor allem wenn er sich vor anderen Hunden fürchtet. Das Sträuben der Haare läßt einen Hund größer aussehen, als er tatsächlich ist, und reduziert die Wahrscheinlichkeit, daß er angegriffen wird.

Hunde, die nur ein wenig verängstigt sind, zeigen einige oder alle dieser Anzeichen in verschieden starker Ausprägung. Achten Sie auf subtile Anhaltspunkte dafür, daß Ihr Hund sich nicht wohl fühlt, so können Sie früher angemessen reagieren und vielleicht verhindern, daß Ihr Hund schreckhaft oder aggressiv wird.

Der glückliche Hund

Ein Hund, der sich freut, Sie zu sehen, wedelt mit dem Schwanz, manchmal mit dem ganzen hinteren Körperteil, legt seine Ohren flach an die Seiten des Kopfes und zieht die Mundwinkel wie zum Gruß zurück.

Ein glücklicher Hund wirkt entspannt; sein Körper ist weich und nicht steif. Er frißt mit Appetit, spielt gern und läßt sich auch gern berühren. Ein Haushund sollte die meiste Zeit über entspannt, ruhig und zufrieden sein.

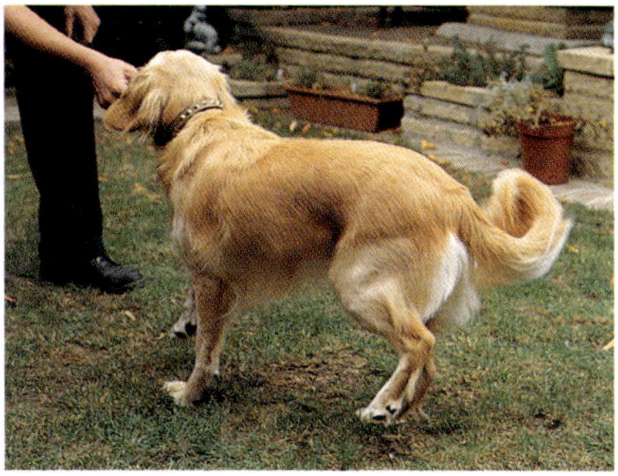

Zu einer herzlichen Begrüßung durch den Hund gehört intensives Wedeln mit dem Schwanz und dem Hinterteil.

Der selbstsichere Hund

Ein selbstsicherer Hund hält Kopf und Schwanz erhoben und den Körper gerade; so zeigt er seine Stärke und Entschlossenheit. Seine Haltung läßt ihn oft derart «präsent» erscheinen, daß man ihm unwillkürlich Aufmerksamkeit schenkt.

Dieser selbstsichere Hund befindet sich in einer aufrechten Position mit erhobenem Kopf und Schwanz.

Hunde mit starkem Selbstvertrauen sind selten aggressiv, wenn es gilt, sich durchzusetzen, denn sie sind sich ihrer Fähigkeit gewiß, ihr Ziel ohne Gewaltanwendung zu erreichen. Weniger zuversichtliche Hunde jedoch sind sich ihrer Fähigkeiten weniger sicher und neigen zur Konfrontation, wenn sie befürchten zu unterliegen. Zuversichtliche Hunde haben im Lauf ihres Lebens viele erfolgreiche Begegnungen mit anderen Tieren oder Menschen gehabt und sind oft sehr geschickt, wenn es darum geht, mit anderen zu kommunizieren.

Eine unterwürfige Position einzunehmen trägt zur Besänftigung von Aggressionen bei und signalisiert die Absicht, nachzugeben.

DER WÜTENDE HUND

Ein wütender Hund wird oft, kurz bevor er zubeißt, völlig ruhig und steif. Diese Phase der Stille gibt ihm Zeit, die Kraft des Gegners einzuschätzen, und bietet diesem Gelegenheit, sich zurückzuziehen oder geschlagen zu geben. Befinden Sie sich in einer Situation, in der Sie etwas getan haben, was den Hund zu einer solchen Reaktion veranlaßt hat – Sie haben ihn beispielsweise gestreichelt, obwohl er nicht berührt werden wollte –, so seien Sie vorsichtig mit dem, was Sie als nächstes tun. Verhalten Sie sich ganz ruhig, und treten Sie langsam den Rückzug an.

Achten Sie auf folgende Anzeichen: a) starre und steife Haltung; b) fixer, starrer Blick; c) widersprüchliche Signale von Selbstvertrauen und Furcht; Schwanz und Kopf werden hochgehalten, die Augen sind aufgerissen, die Pupillen erweitert und die Nackenhaare gesträubt.

Wird ein Hund gereizt, so fließt das Adrenalin durch seinen Körper, und auch andere (physiologische) Veränderungen spielen sich ab, die dazu beitragen, jede Aktion zu unterstützen, die nun erfolgen könnte. Aus diesem Grund ist es am besten, man isoliert einen wütenden Hund und läßt ihm mindestens eine halbe Stunde Zeit, sich zu beruhigen, bevor man sich ihm wieder nähert. Hat Ihr Hund eine schlechte Erfahrung gemacht, so wird er wahrscheinlich noch einige Tage nach dem Zwischenfall stärker reagieren; Sie sollten deshalb behutsam sein, bis er sich wieder erholt hat.

Der unterwürfige Hund

Ein unterwürfiger Hund macht sich so klein wie möglich, um Angriffen eines stärkeren Rudelmitglieds zu entgehen. Indem er beschwichtigende Gebärden wie das Lecken der Lefzen zeigt, wird er wahrscheinlich eher vom stärkeren Tier toleriert.

Unterwürfige Miene

Diese Begrüßung – eine Art Grinsen – sieht sehr wild aus, ist aber in Wirklichkeit völlig harmlos. Der unterwürfigen Miene begegnet man bei bestimmten Arten häufiger – so beim Dalmatiner; scheinbar ist sie eine Art, besonders wichtige Tiere zu begrüßen. Hunde zeigen diese Miene auch, wenn man mit ihnen schimpft. Dies gab Anlaß zu der Vermutung, es handle sich dabei um einen Beschwichtigungsversuch.

Ein junger Jack Russell-Welpe nähert sich langsam. Er ist vorsichtig und zurückhaltend, aber er fürchtet sich nicht.

Schwanzwedeln

Das Schwanzwedeln ist nicht unbedingt ein Anzeichen für freundliche Absichten. Es ist jedoch ein Zeichen für einen Zustand des Aufruhrs und der Erregung. Glückliche Hunde wedeln mit einer ausholenden Seitwärtsbewegung. Angsterfüllte Hunde halten den Schwanz oft

Ein verängstigter Hund klemmt den Schwanz zwischen die Beine.

BEOBACHTEN UND LERNEN

Das Beobachten ist eine erlernbare Fähigkeit, die sich ein Besitzer aneignen kann. Beobachten Sie genau, was Ihr Hund tut, wenn er einem Fremden oder einem anderen Hund begegnet, und versuchen Sie den Grund zu erkennen, der hinter auch scheinbar belanglosen Verhaltensdetails steckt. Nichts geschieht ohne Grund, und mit etwas Übung sollten Sie in der Lage sein zu verstehen, warum Ihr Hund in einer bestimmten Situation eben das tut, was er tut.

tief, und nur die Schwanzspitze wedelt ein wenig. Ein selbstsicherer Hund, der gerade zubeißen will, hält seinen Schwanz oft hoch und wackelt steif damit.

Worte sind schwierig

Besitzer müssen die Tatsache akzeptieren, daß es Hunden schwerfällt, Worte zu verstehen. Sie lernen im Lauf der Zeit vielleicht, Worte mit Handlungen in Verbindung zu bringen, doch es bedarf vieler Wiederholungen, bevor sie genau begreifen, was man von ihnen will. Für sie ist dies keine natürliche Art der Verständigung; wer sich daher ausschließlich auf gesprochene Befehle verläßt, wird Mühe haben, erfolgreich mit dem Hund zu kommunizieren.

Den Tonfall einsetzen

Ein Hund kann unsere Stimmung leicht am Klang unserer Stimme erkennen. Wichtig ist weniger das, was wir sagen, sondern die Art, wie wir es sagen. Wenn Sie mit Ihrem Hund sprechen, so versuchen Sie, die Art, in der Sie etwas sagen, so zu variieren, daß Sie verschiedene Stimmungen leicht zum Ausdruck bringen können. Versuchen Sie zum Beispiel, Ihren Tonfall jeweils zu verändern, wenn Sie ihm zu verstehen geben wollen, daß Sie ein dringendes Anliegen haben, daß Sie sehr zufrieden mit ihm sind, daß Sie verärgert sind, oder ihm irgendein anderes Gefühl mitteilen wollen. Hunde sind recht emotionale Wesen, und wenn wir sie häufiger an unseren Empfindungen teilhaben lassen, werden sie besser abschätzen können, was wir von ihnen wollen.

Blickkontakt

Das unvermittelte Anstarren hat bei Hunden oft die Funktion des Drohens oder Einschüchterns. Da Menschen sich und ihren Haustieren oft liebevoll in die Augen schauen,

Der liebevolle, aber starre Blick eines Besitzers bereitet dem Hund kein Wohlbehagen.

GEDANKENLESEN

Die meisten Haushunde «studieren» Gesichtsausdruck und Körpersprache ihrer Besitzer. So werden sie zu Experten, was das Erfassen von Stimmungen angeht; sie scheinen instinktiv zu wissen, wann wir glücklich, traurig, ängstlich, fröhlich sind.

müssen Hunde daran gewöhnt werden, daß wir dieses Signal auf andere Weise einsetzen als sie. Die meisten Hunde wenden den Blick ab, wenn man ihnen in die Augen schaut, und fühlen sich unbehaglich dabei. Ein ängstlicher Hund fängt vielleicht an zu knurren oder geht rückwärts. Gut sozialisierte Hunde hingegen sind mit unserer Art des Blickkontakts vertraut.

Sollten Sie einen Hund nicht kennen, ist es ratsam, einen ausgedehnten, direkten Blickkontakt zu vermeiden, vor allem, wenn Sie sich ihm nähern. Starren Sie Ihren Hund an, so kann ihm unbehaglich werden, und das sollte man vermeiden. Gewöhnen Sie Ihren Hund besser an den Blickkontakt, indem Sie ihm einen Leckerbissen zeigen und ihn direkt unter Ihr Kinn halten. Seien Sie geduldig und warten Sie, bis er aufsieht und Ihnen in die Augen schaut. Sobald er dies tut, reichen Sie ihm den Bissen. Allmählich wird Ihr Hund lernen, Ihnen in die Augen zu schauen, um den Bissen zu bekommen. Hat er es gelernt, so können Sie nach und nach die Zeitspanne, während der er Sie anschaut, ausdehnen. Auf diese Weise gewöhnen Sie ihn langsam an den freundlich gemeinten Blickkontakt, und er wird sich dadurch nicht mehr so sehr eingeschüchtert fühlen.

ERSATZHANDLUNGEN

Fühlt ein Hund sich unter Druck gesetzt oder macht ihm irgend etwas zu schaffen, so kann es sein, daß er etwas tut, das offenbar gar nichts mit dieser Situation zu tun hat, zum Beispiel so etwas Belangloses wie Gähnen, Scharren oder Schnuppern. Dies scheint ihm zu helfen, seine Angst und seine Spannung vorübergehend zu erleichtern. Tut Ihr Hund dies häufig, möchten Sie vielleicht herausfinden, wodurch sein Verhalten ausgelöst wird. Ist es etwas, das Sie selbst tun, so können Sie es entweder unterlassen oder aber versuchen, ihm dabei zu mehr Wohlgefühl zu verhelfen.

Das Gähnen hilft dem Hund dabei, etwas von der Spannung abzubauen, die er empfindet.

Beschwichtigende Gebärden

Hunde benutzen eine Reihe von Beschwichtigungsgebärden als Reaktion auf Tiere oder Menschen, denen sie einen höheren Rang zuschreiben als sich selbst: Sie lecken die (eigenen) Lefzen, belecken die Haut (des anderen), besonders Gesicht und Mund/Maul, drehen sich auf den Rücken, um verwundbare Körperteile darzubieten, wenden den Kopf ab, weichen dem Blickkontakt aus, und sie urinieren. All dies dient dazu, dominantere Tiere zu besänftigen und ihren Status zu bestätigen; das verringert die Wahrscheinlichkeit, daß das rangniedrigere Tier angegriffen wird. Hunde, die ihren Rang nicht hoch einschätzen, neigen deshalb mehr zur Anwendung solcher Gebärden.

Strafen, die der Mensch verhängt, um solche Verhaltensweisen zu unterbinden, wirken sich wahrscheinlich gegenteilig aus, denn der Hund versucht umso mehr zu beschwichtigen. Das Bemühen, die Natur solcher Gesten zu verstehen und die Selbstsicherheit des Hundes wiederherzustellen, führt bestimmt eher zum Erfolg.

Eine Kombination von Worten und Gesten hilft dem Hund dabei, Befehle schneller zu erlernen.

DAS VERBINDEN VON KÖRPERGESTEN UND WORTZEICHEN

Besitzer, die einerseits eine Kombination von Zeichen der Körpersprache und verschiedene Stimmlagen einsetzen, wenn sie mit Ihrem Hund interagieren, und die andererseits auch bereit sind, die Signale zu interpretieren, die von ihrem Hund ausgehen, werden in der Lage sein, in der Kommunikation die Kluft zwischen den Spezies besser zu überbrücken.

3

KAPITEL DREI

WIE MAN EIN GUTER HUNDEHALTER WIRD

Eine gute Beziehung zu seinem Hund aufzubauen, ist eines der wichtigsten Anliegen eines jeden Hundehalters. Ein Band der Freundschaft und des Vertrauens zwischen Besitzer und Hund führt zu gutem Verhalten und harmonischen häuslichen Verhältnissen. Dieses Ziel ist aber nur zu erreichen, wenn Sie als Halter die Initiative ergreifen und sich auf eine Weise benehmen, die geeignet ist, ein erfolgreiches Miteinander zu fördern.

Ihr Hund sollte Ihnen Freude bereiten wollen

Sie können Ihren Hund dazu bringen, zu tun, was Sie sagen, aber er wird es widerwillig tun und nur deshalb, weil er muß. Einen Hund zu haben, der bereitwillig etwas für Sie tut, ist auf jeden Fall viel befriedigender. Dies wird nur möglich sein, wenn die Beziehung zu Ihrem Hund so geartet ist, daß er Ihnen wirklich Freude bereiten will, weil Sie sein bester Freund sind. Eine solche Beziehung macht das Leben für beide viel einfacher und angenehmer.

Das Geheimnis, einen Hund dazu zu bringen, Ihnen Freude bereiten zu wollen, besteht darin, daß Sie ihm solches Verhalten schmackhaft machen. Hundehalter, die sich in ihr Tier hineinversetzen und sich vorstellen können, wie der Hund empfindet, werden damit wahrscheinlich mehr Erfolg haben. Besitzer, die nur an sich und ihre eigenen Wünsche denken, werden sich vermutlich schwerer tun.

Gutes Verhalten belohnen

Wann immer Ihr Hund etwas tut, das Ihren Beifall findet, sollten Sie es ihm unbedingt zu verstehen geben. Wenn Sie sein Freund sind, werden ihm Ihr Lob und Ihre Zuwendung viel bedeu-

Das Lob des Besitzers, der zugleich der beste Freund des Hundes ist, bedeutet dem Tier viel.

ten. Bestärken Sie ihn in seinem Verhalten, wann immer er ewas richtig macht. So wird er Freude empfinden und es das nächste Mal vermutlich wieder tun. Auf diese Weise fördern Sie gutes Verhalten jetzt – und damit auch für die Zukunft.

Das hört sich vielleicht sehr einfach und selbstverständlich an, doch es ist erstaunlich, wie viele Besitzer ihren Hund zwar schnell wegen schlechten Benehmens tadeln, es aber ignorieren, wenn er brav ist. Manche Hunde verlangt es so sehr nach Aufmerksamkeit, daß es ihnen lieber ist, ausgeschimpft als ignoriert zu werden, und deshalb verändert sich ihr Verhalten immer mehr zum Schlechten. Es ist vielleicht schwieriger, als es scheint, daran zu denken, gutes Verhalten zu belohnen, da der Hund in diesem Fall Ihre Aufmerksamkeit viel weniger auf sich zieht. Es ist jedoch sehr wichtig, daß Sie sich in dieser Hinsicht Mühe geben. Gehen Sie zu ihm hin, wenn er sich ruhig hinlegt, und loben Sie ihn mit sanfter Stimme, dann wird er dies wahrscheinlich öfter tun. Warten Sie aber, bis ihm langweilig wird und bis er beginnt, auf etwas herumzukauen oder um Aufmerksamkeit zu winseln, bevor Sie sich ihm zuwenden, so wird das unerwünschte Verhalten wahrscheinlich häufiger vorkommen.

Bekunden Sie auf diese Weise Ihrem Hund Zuneigung, und schaffen Sie eine Atmosphäre, in der Sie die meiste Zeit harmonisch miteinander leben, so schaffen Sie einen starken Kontrast zu den Momenten, in denen es nötig ist, ihn zu tadeln. Lebt ein Hund in einer konfliktreichen Beziehung mit seinem Besitzer, so ist es nichts Neues für ihn, gescholten zu werden. Aber für einen Hund, mit dem Sie eine freundschaftliche Beziehung haben, ist jedes Schimpfen ein einschneidendes Erlebnis.

Eine gute Beziehung zwischen Ihnen und Ihrem Hund ist für beide erfüllender.

Fehlerfreies Lernen

Versuchen Sie, Situationen so zu meistern und Ereignisse so zu steuern, daß Ihr Hund meistens das Richtige tut. Damit haben Sie die Möglichkeit, generell positiv und aufbauend zu sein. Statt einen jungen Hund etwa allein und ohne Beschäftigung im Haus zurückzulassen, sollten Sie ihm geeignete Spielsachen, zum Beispiel auch Kauknochen geben (siehe Seite 67) und dafür sorgen, daß er zuvor genügend Auslauf hatte und müde geworden ist. Die Wahrscheinlichkeit, daß er sich danebenbenimmt, indem er verbotene Gegenstände anknabbert, wird dann geringer. Es ist viel einfacher, Situationen herbeizuführen, in denen Ihr Hund von Anfang an lernt, das Richtige zu tun, als zuzulassen, daß er schlechte Gewohnheiten annimmt, die Sie ihm dann austreiben müssen.

Verhindern Sie unerwünschtes Verhalten

Versuchen Sie vorauszudenken, so daß Sie möglichen Ärger verhindern können. Wenn Sie zum Beispiel wissen, daß Ihr Hund dazu neigt, an ankommenden Besuchern hochzuspringen, so nehmen Sie ihn an die Leine oder halten Sie ihn am Halsband fest, bevor Sie die Tür öffnen.

Dies gibt Ihnen die Gelegenheit, sein Wohlverhalten zu loben (auch wenn ihm gar nichts anderes übrig blieb), und Sie sind nicht durch die Umstände gezwungen, sein schlechtes Benehmen zu tadeln oder zu bestrafen.

Verhindern Sie unerwünschtes Verhalten, indem Sie mittels Halsband und Leine sanften Zwang anwenden; so schaffen Sie Raum für Wohlverhalten, das Sie dann belohnen können. Gestehen Sie Ihrem Hund zu viele Freiheiten zu, bevor Sie ihn unter Kontrolle haben, so bewirken Sie dadurch nur, daß er über schlechtes Verhalten selbst seine «Belohnung» sucht. Wenn das einreißt, entstehen unerfreuliche Gewohnheiten, die schwer zu korrigieren sein dürften.

Verhindern Sie unerwünschtes Verhalten, indem Sie sanften Zwang anwenden.

Schreien Sie nicht!

Bestrafung, Schelte oder Schreien als Mittel, um schlechtes Benehmen zu unterbinden, sind äußerst unwirksam. Solche Maßnahmen führen gewöhnlich nur dazu, daß Ihr Hund sich bedrückt fühlt. Ist er aber erst einmal eingeschüchtert oder verängstigt, so ist er nicht mehr in der geeigneten Gemütsverfassung, um richtiges Verhalten zu erlernen. Statt zu lernen,

Wenn Sie Ihren Hund bestrafen, wenn er sich daneben benommen hat, werden Sie damit nicht verhindern, daß er dies auch in Zukunft wieder tut.

sich das nächste Mal richtig zu verhalten, lernt Ihr Hund vielmehr, wie unangenehm sein Besitzer manchmal sein kann.

In Extremfällen können Drohungen oder Strafen einen Hund so sehr einschüchtern, daß er Angst hat, überhaupt irgend etwas zu tun, denn es könnte ja falsch sein. Ein Hund, der oft bestraft wird, lebt vielleicht in der Angst, unversehens von seinem Besitzer angegriffen zu werden, und beginnt möglicherweise zu beißen, um sich zu verteidigen. Da der Grund der Bestrafung für den Hund nicht immer klar ist, vor allem, wenn sie lange nach dem Ereignis erfolgt, das sie ausgelöst hat, erscheint der Besitzer aus Sicht des Hundes oft unberechenbar und aggressiv. Kann ein Hund seinem Besitzer nicht vertrauen, so wird er wohl auch keinem anderen Menschen trauen; deshalb führt die Bestrafung eines Hundes dazu, daß er wahrscheinlich andere Menschen beißen wird.

Ständiges Schimpfen und Schreien ist zudem unerfreulich und bedeutet Streß – für den Besitzer ebenso wie für den Hund. Es führt beim Hund nicht zur erwünschten Reaktion, zerstört womöglich die gute Beziehung und verursacht Ablehnung. Vor allem das Schreien deutet darauf hin, daß der Besitzer nicht Herr der Lage ist. Nur schwache, unfähige Führer schreien. Starke, fähige Führer brauchen ihre Wünsche nur bekanntzugeben, und sie werden erfüllt; in extremen Fällen, wenn die Wünsche des Hundes stark von denen seines Besitzers abweichen, braucht man die Stimme nur leicht zu heben, um sich durchzusetzen. Verspüren Sie des öfteren den Drang, Ihren Hund anzuschreien, so ist es wohl an der Zeit, ihre Beziehung zu überdenken und eine neue aufzubauen, die auf Respekt und Freundschaft basiert.

Viele Besitzer bestrafen einen Hund, der etwas Falsches gemacht hat, während er allein war. Eine Bestrafung nach dem Ereignis führt nur dazu, die Ansicht des Hundes zu bestärken, sein Besitzer sei unberechenbar. Hunde können daraus nichts lernen, denn sie können die Bestrafung nicht mit dem unerwünschten Verhalten in Zusammenhang bringen, selbst wenn sie an den «Schauplatz des Verbrechens» geführt werden. Sie erinnern sich an das, was sie getan haben, ebenso wie wir, aber sie können die Bestrafung nicht mit ihrem früheren Verhalten verbinden.

Der Mensch irrt sich, wenn er meint, der Hund könne es doch, weil er einen «schuldbewußten» Eindruck macht, wenn der Halter heimkehrt. Dies ist jedoch einfach nur eine unterwürfige Reaktion auf den Zorn eines höherrangigen Mitglieds des Rudels. Hunde lernen vielleicht sogar, zerbissene Gegenstände oder Verunreinigungen auf dem Boden mit dieser Reaktion zu verbinden und benehmen sich unterwürfig (oder sehen schuldbewußt aus), bevor der Besitzer gemerkt hat, daß etwas nicht stimmt. Dies wird leider für einen weiteren Beweis der vermeintlichen Schuld des Hundes gehalten. Seine nachträgliche Bestrafung wirkt sich nicht positiv auf sein Verhalten aus, wenn Sie künftig abwesend sind. Nochmals: All dies dient nur dazu, die Beziehung zwischen Ihnen und Ihrem Hund zu untergraben.

Die Notwendigkeit eines Führers

Ein Hund ist oft viel zufriedener und verhält sich besser, wenn ein starker, haltgebender Führer ihn beschützt und anleitet. Er befreit ihn

Zeigt sich der Hund dem verärgerten Besitzer gegenüber unterwürfig, so wird dieses Verhalten oft als Schuldgefühl mißverstanden.

von der Verantwortung der Führerschaft, und er kann im Wissen, daß sich jemand anderes um ihn kümmert, entspannen und spielen. Genauso wie ein kleines Kind hat auch ein Hund gern Anleitung und Führung, vorausgesetzt, er wird nicht unterdrückt. Setzt man ihm Maßstäbe und macht man ihm seine Grenzen klar, ist er sich seiner Rolle sicher und besitzt doch die Freiheit, ganz er selbst zu sein.

Zu einem guten Rudelführer gehört nicht nur das Recht, Entscheidungen zu treffen. Es gehört auch die Verantwortung dazu, die Mitglieder des Rudels zu schützen und dafür zu sorgen, daß ihre Bedürfnisse befriedigt werden. Ihre Aufgabe ist es, für die Sicherheit des Hundes zu sorgen, sich um alles zu kümmern, was er als bedrohlich empfinden könnte, und ihm Auslauf, Spiel, Nahrung und soziale Kontakte zu verschaffen (siehe Kapitel 4). Wenn Sie sich um all diese Erfordernisse kümmern, wird es Ihrem Hund sehr leicht fallen, Sie als seinen Rudelführer zu akzeptieren, und er wird so anhänglich und treu sein, daß es sich für Sie lohnt, Hundebesitzer zu sein.

Die Art, wie wir als Rudelführer uns fühlen, wird auf unseren Hund abfärben. Ist er uns eng verbunden, wird sich unsere Stimmung in ihm widerspiegeln, und er wird dadurch beeinflußt. Sind wir besorgt, glücklich, traurig oder lebensfroh, so wird es wahrscheinlich auch unser Hund sein, und daran sollten Sie auch denken, wenn Sie bedrückt sind oder unter Streß stehen. Dies wird sich auf Ihren Hund übertragen, und er wird ebenfalls bedrückt oder angespannt sein. Achten Sie auf subtile Anzeichen, und vergessen Sie nicht, daß Änderungen im Verhalten des Tiers eine direkte Folge Ihres veränderten Verhaltens sein können. Seien Sie also nach Möglichkeit immer glücklich!

Übernehmen Sie die Rolle des Rudelführers, so kann sich Ihr Hund entspannen und sicher fühlen.

HUNDE ALS RUDELTIERE

Für Rudeltiere ist es typisch, in einer Hierarchie zu leben, in der nicht alle Tiere gleich gestellt sind. In Hierarchien ist die Gefahr geringer, daß Kämpfe zwischen den Mitgliedern des Rudels zu Verletzungen führen, denn die Tiere nehmen eine Rangordnung ein, die ihrer mentalen und körperlichen Stärke entspricht. Zu Kämpfen kommt es nur zwischen Tieren, die nahezu gleich stark sind, und das ist eher selten. Die Kämpfe auf ein Minimum zu reduzieren ist besonders wichtig, wenn die Tiere sehr große Zähne und starke Kiefer besitzen.

Tiere an ranghöchster Stelle sind gewöhnlich die größten, stärksten und klügsten – sie haben überall das Vortrittsrecht vor den rangniedrigeren. In Jahren des Hungers wird durch diese hierarchische Ordnung sichergestellt, daß die kräftigsten Tiere überleben, um die nächste Generation zu zeugen. Da die ranghöchsten Tiere die einzigen sind, die das Recht zur Zeugung haben, wird erbittert um die Spitzenplätze gekämpft. Obwohl das Streben nach einem hohen Rang bei den heutigen Hunden durch die Do-

Im Lauf der Zeit entwickelt sich in einer Gruppe von Hunden, die zusammenleben, eine natürliche Rangordnung.

mestizierung etwas abgeschwächt ist, spielt es doch noch oft eine große Rolle. Es ist wichtig, daß wir das verstehen. Einen hohen Status zu erreichen bedeutet für einige Hunde mehr als für andere, denn jedes Tier ist anders. Aber im großen und ganzen lohnt es sich durchaus, diese Tatsache zu bedenken, wenn man versucht, mit einem Wesen, das zu einer anderen Spezies gehört, unter einem Dach zu leben.

Im Interesse eines harmonischen Zusammenlebens sollte der Hund seinen Rang unter dem aller Familienmitglieder einstufen. Ein Hund, der meint, er habe das Sagen, ist ein sehr schwieriger Hausgenosse, der stets den eigenen Kopf durchsetzen will, statt seinem Besitzer zu gehorchen. Er neigt zu Überaktivität, ist schwer in Zaum zu halten, ungestüm bei der Begrüßung von Besuchern und kann sogar aggressiv werden, wenn er nicht tun darf, was er will.

Die richtige Einstellung

Es ist nicht schwierig, die Oberhand zu gewinnen, und es ist nicht nötig, dafür zu Aggressionen Zuflucht zu nehmen. Ein hoher Status und der damit verbundene Respekt müssen verdient werden. Beides wird vom Rangniedrigeren zugestanden und nicht vom Führer erzwungen. Strafmaßnahmen führen zu Einschüchterung durch Angst, aber nicht dazu, daß der Hund Ihrer Autorität, die für eine gute Beziehung so wichtig ist, freiwillig Respekt zollt.

Ein guter Rudelführer zwingt andere nicht durch Schikanen zur Unterwerfung, sondern bringt sie dazu, daß sie ihn als Führer wollen.

Um respektiert zu werden, muß man Autorität ausstrahlen. Man erreicht dies durch die Einstellung, daß sich der Hund einigermaßen ordentlich benehmen wird, und dadurch, daß man selbst alles Notwendige unternimmt, um bei Auseinandersetzungen mit ihm die Oberhand zu behalten. Oft kommt es nicht so sehr auf die großen Dinge an wie auf die kleineren, alltäglichen Begebenheiten. Es geht zum Beispiel darum, daß Ihr Hund kommt, wenn Sie ihn rufen, oder aus dem Weg geht, wenn Sie ihn dazu auffordern. Haben Sie bei geringfügigen Angelegenheiten oft gewonnen und er verloren, wird er es wahrscheinlich nicht wagen, sich auf größere Herausforderungen einzulassen, denn ihm fehlt die Zuversicht, daß er gewinnen wird. Wenn Sie also darauf achten, aus kleineren Auseinandersetzungen als Sieger hervorzugehen, werden Sie sich den Respekt Ihres Hundes erwerben. Haben Sie erst einmal einen hohen Status erreicht, so ist es nicht mehr nötig, den Hund auf die Probe zu stellen, um herauszufinden, ob er nachgibt, wenn es um Kleinigkeiten geht. Wenn der Hund Sie respektvoll als Führer betrachtet, wird er Sie kaum jemals herausfordern, sofern sich die Umstände nicht drastisch ändern oder er einen besonders starken Charakter besitzt. Der Hund überläßt Ihnen in der Regel gern die Führung, vorausgesetzt, Sie haben sich dieser Rolle würdig erwiesen. Gewöhnlich ist er nur allzu gern bereit, sich die ganze Verantwortung, die mit der Rolle als Führer einhergeht, von Ihnen abnehmen zu lassen.

Ihr Hund sollte sofort den Sessel freimachen, wenn Sie es von ihm verlangen.

Das Rudel führen lernen

Wollen Sie ein guter Rudelführer sein, so sollten Sie wissen, welche Dinge Ihr Hund für besonders wichtig hält. Dann können Sie ihm beibringen, daß Sie als Rudelführer das Recht haben, sich jederzeit zu nehmen, was Sie wollen. Dies ist von besonderer Bedeutung, wenn Sie einen Welpen oder einen neuen ausgewachsenen Hund in Ihr Rudel aufnehmen.

Sie müssen diese Techniken nicht ständig anwenden, wenn Sie einmal den Führerstatus erreicht haben, doch ist es nützlich, sie zu kennen, so daß Sie einen neuen Hund oder Welpen leichter ins Rudel integrieren können. Das Wissen darum wird Ihnen helfen, Ihren Hund besser zu verstehen und zu begreifen, warum er sich in bestimmten Situationen so oder so verhält. Die für einen Hund wichtigen Dinge lassen sich in vier Gruppen einteilen:

Nahrung

Es ist das Recht des dominanten Hundes, als erster zu fressen und sich von der Nahrung als erster seinen Anteil auszusuchen. Im Interesse einer unangefochtenen Führerrolle sollten Sie als erster zu essen beginnen, wenn Ihre Mahlzeiten gleichzeitig stattfinden. Sie sollten dem Hund nichts abgeben, solange Sie selbst essen.

Schlafplätze und Territorien

Es ist das Recht des dominanten Hundes zu schlafen, wann und wo er will. Um einen hohen Status zu erlangen, sollten Sie Ihren Hund daher, wann immer Sie es wünschen, von den Plätzen vertreiben können, an denen Sie sich selbst niederlassen wollen. Fordern Sie ihn auf, beiseite zu gehen, wenn er im Weg steht, und schicken Sie ihn gelegentlich von der Stelle fort, an der er liegt, damit Sie selbst dort Platz nehmen können. Halten Sie ihn von Betten und Sesseln fern, wenn es Ihnen schwerfällt, ihn wieder von dort wegzubringen. Als dominantes Tier sollten Sie das Rudel anführen, und Ihr Hund sollte Ihnen folgen. Achten Sie darauf, daß dem so ist, wenn Sie zusammen mit ihm durch eine Türöffnung oder einen engen Durchgang gehen. Der Ranghöhere sollte immer vorangehen.

Auch der Größenunterschied ist für Hunde wichtig; haben Sie es mit einem neuen oder sehr ungestümen Tier zu tun, sollten Sie darauf achten, daß Sie sich oberhalb von ihm befinden – etwa wenn Sie Treppen hinauf- oder hinuntergehen, oder wenn Sie sich hinsetzen.

Spielsachen und Besitz

Der dominante Hund hat das Recht, jeden Gegenstand innerhalb seines Territoriums jederzeit zu benutzen. Für gewöhnlich sind die für einen Hund wichtigsten Gegenstände seine Spielsachen. Wollen Sie ein starker Führer sein,

Starke Führernaturen möchten bei Spielen gern gewinnen und machen ihre Besitzansprüche auf Spielzeuge geltend.

Zeigen Sie sich reserviert, wenn Ihr Hund Aufmerksamkeit haben möchte, so verbessert dies in seinen Augen möglicherweise Ihren Status.

so ist es wichtig, daß Sie Spiele mit Gegenständen unter Kontrolle behalten und sie jederzeit selbst in Besitz nehmen können. Tauziehen zu veranstalten, um am Ende ein Spielzeug in seinen Besitz zu bringen und es zu behalten, ist eine gute Möglichkeit, dem Hund den Eindruck zu vermitteln, daß Sie stark genug sind zu gewinnen, wenn Sie es wünschen.

Zuneigung und sozialer Kontakt

Ein dominanter Hund hat das Recht, soziale Kontakte herbeizuführen, wenn er es wünscht, oder Aufforderungen seitens anderer zu ignorieren, wenn er keinen Kontakt möchte. Auf die Bitten ihres Hundes nicht einzugehen oder die sozialen Interaktionen nach Belieben aufzunehmen und zu beenden wird Ihren hohen Rang untermauern.

«Nein» sagen und meinen

Sie werden Ihrem Hund klarmachen müssen, daß Sie der Herr im Haus sind, oder, wenn sein Benehmen unakzeptabel ist, dafür sorgen, daß dies nicht wieder vorkommt. Tun Sie durch Ihre Stimme kund, daß Sie nicht erfreut sind. Sprechen Sie laut und tief – so energisch, daß Ihr Hund sofort von seinem Tun abläßt. Verleihen Sie dem mit sanftem Zwang Nachdruck, etwa indem Sie ihn am Halsband festhalten, doch lassen Sie ihn nicht im Zweifel darüber, daß Sie verärgert sind.

Sie sollten ihn nach einer Korrektur dazu bringen, etwas zu tun, über das Sie Freude zeigen können. Führen Sie ihn vom «Tatort» weg, und fordern Sie ihn dazu auf, sich zu setzen

JEDER HUND IST ANDERS

Einige Hunde besitzen einen stabileren Charakter als andere und brauchen deshalb klarere Richtlinien. Manche Hunde haben ein so sanftes Wesen, daß es ihnen nicht im Traum einfallen würde, einen höheren Rang anzustreben, während andere ständig an die Grenzen gehen, um herauszufinden, ob sie noch am richtigen Platz sind. Heranwachsende männliche Hunde und solche, die zu Wach- oder Schutzhundrassen gehören, neigen eher dazu, ihre Kräfte mit anderen zu messen. Die charakterliche Stärke Ihres Hundes abzuwägen und ihm dann gerade solche Grenzen zu setzen, die Sie ganz offensichtlich zum Führer machen, wird das beste Ergebnis für beide Seiten bringen. Er wird dann genug Freiraum haben, um «er selbst» sein zu können – aber innerhalb der von Ihnen gesteckten Grenzen. Friede und Harmonie sollten vorherrschen!

oder hinzulegen, falls er diese Befehle kennt, und loben Sie ihn aufrichtig, wenn er es tut. Indem Sie auf diese Weise einen deutlichen Kontrast zwischen Ihren Reaktionen herstellen, lernt der Hund sehr schnell, was er tun darf und was nicht.

Will er Ihnen den Rang streitig machen, etwa während er noch heranwächst oder neu bei Ihnen ist, so müssen Sie ihm unmißverständlich klarmachen, daß Sie stärker sind als er.

Lassen Sie sich nur dann auf eine Herausforderung ein, wenn Sie willens und fähig sind, die Sache durchzustehen, was auch immer der Hund tun mag, und zu gewinnen. Sie können seine Herausforderung aber auch ignorieren und, um seine Siegesgewißheit zu schmälern, dafür sorgen, daß Sie viele kleinere Auseinandersetzungen, in denen es vor allem um die Dinge geht, die ihm besonders wichtig sind, für sich entscheiden. Erarbeiten Sie sich eine Strategie, um die Oberhand zu behalten, falls er sie künftig wieder herausfordern sollte.

Ihr Hund fordert Sie vielleicht heraus; lassen Sie sich aber nur dann darauf ein, wenn Sie sicher sind, gewinnen zu können.

4

KAPITEL VIER

VORAUSSETZUNGEN FÜR EINEN GUTEN HUND

Ein zufriedener Hund ist ein guter Hund. Hunde, die nicht alles haben, was sie brauchen, benehmen sich ständig so, daß es ihnen möglich wird, ihre Bedürfnisse zu befriedigen. Diese Verhaltensweisen sind für uns oft nicht akzeptabel und nicht mit dem vereinbar, was wir von unserem Hund erwarten. Um dieses Problem zu lösen, ist es nötig, alle Grundbedürfnisse des Hundes zu befriedigen, damit er zufrieden ist, sich entspannen kann und sich ordentlich benimmt.

Die Grundbedürfnisse eines Hundes unterscheiden sich nicht sehr stark von den unseren. Viele Halter bedenken jedoch nicht, daß ein Hund auch andere als nur körperliche Bedürfnisse hat. Auf die körperliche Gesundheit eines Tieres zu achten, ist nur ein Aspekt guter Hundehaltung; auf seine mentale Gesundheit zu achten, ist eine völlig andere Aufgabe.

Wesentliche Voraussetzungen für die mentale Gesundheit

Alle Grundbedürfnisse haben ihren Ursprung in einer Zeit, in der Hunde noch als Wildtiere lebten. Um diese Bedürfnisse zu befriedigen, benehmen sich Hunde auf eine bestimmte Weise. Obwohl all diese Verhaltensweisen heute zum Überleben nicht mehr nötig sind, haben Hunde immer noch die Möglichkeit und den

WICHTIGE VERHALTENSWEISEN BEI HUNDEN

1 Streben nach Sicherheit

- Jede Verhaltensweise, die der Sicherheit dient, einschließlich Ausweichen, Ängstlichkeit, Verteidigung und Territorialverhalten.

2 Lebenserhaltung

- Das gesamte Jagdverhalten: Rennen, Springen, Graben (das Spiel ist für heutige Hunde ein akzeptabler Ersatz für das Jagen).
- Kauen, Fressen, Verteidigen und Aufbewahren von Nahrung.
- Körperpflege.

3 Fortpflanzung

- Verhaltensweisen, die dazu dienen, den Status innerhalb des Rudels zu erhöhen und aufrechtzuerhalten (je höher der Rang eines Tieres, desto größer die Wahrscheinlichkeit, daß es Nachkommen zeugt).
- Verhaltensweisen, die dazu dienen, einen Partner zu finden.
- Paarungsverhalten.

4 Sozialer Kontakt (wichtig für alle obigen Kategorien)

- Verhaltensweisen, die den fortgesetzten sozialen Kontakt mit den übrigen Mitgliedern des Rudels ermöglichen sollen.

Ein glücklicher Hund hat einen Besitzer, der sich um seine Grundbedürfnisse kümmert.

Wunsch, sie auszuleben. Es gibt vier Grundbedürfnisse:

- das Bedürfnis nach Sicherheit,
- das Bedürfnis, den Körper zu erhalten,
- das Bedürfnis, sich fortzupflanzen,
- das Bedürfnis nach sozialem Kontakt.

Das Bedürfnis nach Sicherheit

Verhaltensweisen, die der Sicherheit dienen, sind von entscheidender Bedeutung. Vernachlässigt ein in freier Wildbahn lebendes Tier seine Sicherheit, kann es verwundet oder getötet werden. Deswegen hat das Gefühl der Sicherheit Vorrang vor allem anderen. Wenn Ihr Hund unter Streß steht, angespannt oder verängstigt ist, legt er eine ganze Palette unerwünschter Verhaltensweisen an den Tag, mit denen er versucht, sich sicherer zu fühlen.

Hunde haben heute andere Ängste als ihre Vorfahren. Sie fürchten sich vor Unbekanntem, das ihnen gefährlich erscheint. Sie können vor allem und jedem Angst haben, vor Menschen, Tieren, Dingen, Geräuschen usw. Furcht äußert sich oft in heftigem Bellen oder Aggression, kann den Hund aber auch still, dumpf und reaktionslos machen.

Zu verstehen, daß Ihr Hund sich fürchtet, selbst wenn er unverhohlene Aggression zeigt, ist wichtig, um das Problem zu lösen. Ein Hund, der sich wohlfühlt, wird sich kaum schlecht benehmen. Als Halter sollten Sie ihn von allem fernhalten, was ihm Angst einflößt, oder ihm dabei helfen, seine Furcht zu überwinden, indem Sie ihn schrittweise an das heranführen und dem aussetzen, wovor er erschrickt; das wird ihm dabei helfen, sich sicherer zu fühlen. Indem Sie die Angstschwelle niedrig halten und neue Begegnungen zu etwas Vergnüglichem machen (etwa Leckerbissen reichen oder ein Spiel damit verbinden), wird das Problem allmählich überwunden; Ihr Hund fühlt sich sicher genug, um auf unerwünschtes Verhalten zu verzichten.

Wird ein Hund alleingelassen, ist es besonders wichtig, daß er sich sicher fühlt. Sonst probiert er wahrscheinlich alles Mögliche aus, um irgendwie geborgen zu sein. Er versucht vielleicht verzweifelt, zu seinem Besitzer zu gelangen, und beschädigt dabei Türen und Fenster. Oder er versucht, sich mit dem Geruch des Besitzers zu umgeben, und zerbeißt Dinge, die dieser vor kurzem berührt oder getragen hat. Es kann auch sein, daß er eine Höhle gräbt – meist in einem Sofa oder einer Matratze. Vielleicht fällt es ihm auch ein, strategisch wichtige Punkte mit Urin zu markieren, um mögliche Eindringlinge, die es auf ihn abgesehen haben könnten, abzuschrecken.

Das Alleinsein ist für ein Rudeltier kein natürlicher Zustand. Um gutes Verhalten zu fördern, ist es sehr wichtig, daß Sie Ihren Hund allmählich ans Alleinsein gewöhnen, damit er sich sicher fühlt, wenn Sie ihn für eine Weile sich selbst überlassen. Es ist auch nötig, sich zu vergewissern, daß ihm nichts Angst macht, was sich in seiner Umgebung befindet. Ihm einen kleinen, überdeckten Bereich einzurichten, der einer Höhle ähnelt, in der er sich verstecken kann, und ihm, wenn Sie fortgehen, ein Kleidungsstück zu überlassen, das nach Ihnen riecht, wird ihm auch helfen, sich während Ihrer Abwesenheit gut zu fühlen.

Ein offener Käfig kann zu einer sicheren Höhle werden, wenn man ihn in einer ruhigen Ecke des Hauses aufstellt und eine dicke Wolldecke darüber legt.

DAS BEDÜRFNIS, DEN KÖRPER ZU ERHALTEN

Ein Hund in der Wildnis muß in guter körperlicher Verfassung sein, um auf Jagd gehen zu können. Obwohl unsere Hunde die hochwertige Nahrung erhalten, die sie zum Überleben brauchen, haben sie den Wunsch nicht verloren, in guter körperlicher Verfassung zu bleiben. Soll Ihr Hund zufrieden sein, ist es wichtig, daß Sie ihm zu ausreichender körperlicher und mentaler Beschäftigung verhelfen. Körperliche Bewegung allein ist für ihn niemals genug, er muß auch mental gefordert werden.

Rennt der Hund schnell hinter einem Spielzeug her, so verbraucht er dabei Energie.

Für einen Hund ist es wichtig, in einer behüteten Umgebung frei herumlaufen und spielen zu können.

Mit dem Hund laufen

Wieviel Auslauf ein Hund braucht, hängt ganz vom einzelnen Tier ab. Die Erbanlagen spielen eine Rolle, ebenso das Alter. Jüngere Hunde, die aus Rassen stammen, die zum Arbeiten oder dauernden Umherlaufen gezüchtet wurden, haben viel Energie und brauchen viel Auslauf. Ältere Hunde oder solche, die zu Schoßhundrassen gehören, benötigen weniger Bewegung. Hunde, deren Körper aufgrund von Zuchtmoden «unpraktisch» sind – etwa bei der englischen Bulldogge oder beim Bassethund –, sind schon nach wenig Bewegung erschöpft.

Es ist wichtig, daß der Hund das richtige Maß an Auslauf bekommt. Die Folgen liegen andernfalls auf der Hand. Überschüssige Energie sucht sich oft ein Ventil in unerwünschtem Verhalten, so zum Beispiel im übereifrigen Begrüßen des Besitzers oder von Besuchern, im Betteln um Aufmerksamkeit oder im ungestümen Umgang mit Spielzeug oder anderen Gegenständen.

Das Leben mit einem Hund, der zuviel Energie besitzt, ist kein Vergnügen; solch ein Tier wird oft in den Garten verbannt, wo er die Nachbarn ärgert, weil er bei der geringsten Störung heftig und anhaltend bellt.

Ein müder, aber zufriedener Hund nach anregenden und energieverbrauchenden Übungen mit seinem Halter.

Wenn Sie mit Ihrem Hund spazierengehen, hat er Gelegenheit, seine Energie aufzubrauchen. Im Idealfall sollte man mit Hunden mindestens zweimal täglich hinausgehen, am Morgen und am Abend; sie können dabei ihr Geschäft verrichten und sind körperlich und mental beschäftigt. Hunde, die regelmäßig von ihrem Heim weggeführt werden, neigen meist weniger zu Territorialverhalten und sind anderen Tieren und Menschen gegenüber wahrscheinlich umgänglicher.

Die Zeit, die Sie für solche Spaziergänge aufbringen müssen, richtet sich nach den Energiereserven Ihres Hundes. Wenn er sich in der Wohnung daneben benimmt, sollten Sie ihm mehr Bewegung verschaffen, bis ein Maß erreicht ist, das ihm entspricht. Sie können das Maß an Bewegung, das er bei einem Spaziergang bekommt, auch steigern, indem Sie mit ihm spielen. Denken Sie daran, seine Spielsachen mitzunehmen, statt mit Stöcken zu spielen, an denen er sich verletzen kann. Sie können ihm auch mehr Bewegung verschaffen, indem Sie ihn von der Leine nehmen und frei laufen lassen. Für alle Hunde ist die Befreiung von der Leine, um rennen und spielen zu können, etwas sehr Wesentliches. Achten Sie darauf, daß Ihr Hund stets unter Kontrolle ist, indem Sie ihm beibringen, unbedingt zurückzukommen, wenn Sie ihn rufen (siehe Seite 82).

Intelligenzspiele

Hunde haben sich aus einer Spezies entwickelt, die jagen mußte, um überleben zu können. Als der Mensch die Tiere zu domestizieren begann, züchtete er sie im Hinblick auf bestimmte Aufgaben, und sie mußten viel arbeiten. Heute haben sie oft keine andere Aufgabe, als uns zu unterhalten. Oft genug sorgen die liebevollen Besitzer für alles, was der Hund für seine körperliche Gesundheit benötigt, doch erwarten sie von ihm, daß er den ganzen Tag lang zu Hause herumliegt, während sie ihr geschäftiges Leben weiterführen. Das mag für einige Hunde angemessen sein, ist es aber nicht für die Mehrzahl – vor allem nicht für die, denen die mentale Stärke und Ausdauer, die für einen arbeitsreichen Tag nötig sind, angezüchtet wurden.

Wenn sie nicht jagen oder arbeiten können, brauchen Hunde ein Ventil für all die mentale Energie, über die sie verfügen. Spiele mit Gegenständen helfen dabei, denn sie bieten die Möglichkeit, körperliche und mentale Energie auszuleben und stärken darüber hinaus das Band zwischen Ihnen und Ihrem Hund. Ein Tier, das mit seinem Besitzer spielt, bekommt keine Schwierigkeiten mit anderen Hunden, die sich im Park aufhalten, jagt keine anderen Haustiere und reißt auch nicht aus, um mehr Abwechslung zu haben. Ein Hund, der mit seinem Besitzer spielt, ist in der Regel umgänglicher und kommt im allgemeinen besser mit Menschen aus.

Versuchen Sie, sooft wie möglich mit Ihrem Hund zu spielen. Es ist vorteilhaft, statt einer längeren mehrere kurze Spielphasen über den Tag verteilt einzulegen. So hat der Hund stets etwas, worauf er sich freuen kann, und Sie können das Spiel als Belohnung für gutes Verhalten einsetzen. Draußen im Garten oder auf Spazier-

Spiele mit Gegenständen ermüden den Hund körperlich und mental.

gängen zu spielen, setzt einige physische Energie frei; trotzdem müssen Sie auch Spiele für drinnen planen. Zum Verstecken von Dingen oder zu anderen Spielen, die Ihnen nur eine minimale Anstrengung abverlangen, werden Sie vielleicht öfter bereit sein (siehe Seite 65).

Alle Hunde spielen gern, doch nicht alle wissen, wie man mit Spielsachen umgeht. Verwenden Sie zunächst weiche Dinge, die der Hund gern ins Maul nimmt, und machen Sie damit rasche Bewegungen. Konzentrieren Sie sich mehr auf den Gegenstand als auf den Hund, und verhalten Sie sich so lebhaft wie möglich. Ermutigen Sie den Hund bei jeder Bewegung in Richtung auf das Spielzeug; halten Sie die Spielphasen kurz, damit der Hund auch beim nächsten Mal noch interessiert ist. Sein Interesse nimmt zu, wenn Sie einen Leckerbissen am Spielzeug befestigen; er möchte es packen. Es dauert eine Weile, bis er lernt, so zu spielen, aber es lohnt die Mühe.

Sie können Ihren Hund auch dadurch ermüden, daß Sie ihn trainieren, ihm Kunststücke beibringen oder ihn lehren, sich im Haus nützlich zu machen (siehe Kapitel 7). Ein Hund, der sein Leben mit Ihnen verbringt, oft hinauskommt und Sie auf Ausflügen begleitet, kann seine mentale Energie sinnvoll nutzen und benimmt sich daher besser. Ein Hund, der sich meist in der Küche oder im Garten aufhält und nur selten ausgeführt wird, hat zuviel überschüssige Energie; es ist schwierig, mit ihm zu leben und auszugehen.

Viele Hunde spielen gern «Tauziehen». Erwachsene sollten Kinder überwachen und ihnen nötigenfalls helfen zu gewinnen.

Die meisten Hunde, besonders Collies und Schäferhunde, haben an Jagdspielen Freude.

Spiele von Hund und Halter

Verschiedene Hunde haben an verschiedenen Spielen Freude, und es gibt zwei Arten von interaktiven Spielen.

Jagdspiele

Diese Spiele hat die Mehrheit der Hunde, besonders Schäferhundrassen, gerne. Lassen Sie Ihren Hund hinter dem Spielzeug herjagen, und rennen Sie nicht hinter Ihrem Hund her. Bringen Sie ihm bei, die Spielsachen zu apportieren (siehe Seite 100), so daß er Sie Ihnen zurückbringt und Sie erneut werfen können.

Tauziehen

Diese Spiele sind besonders bei den Schutzhundrassen wie Boxern oder Bullterriern und bei Hunden mit starkem, possessivem Charakter beliebt. Es ist ratsam, öfter zu gewinnen, als zu verlieren, und das Spielzeug am Ende des Spiels bei sich zu behalten. Damit ist gewährleistet, daß Ihr Hund immer davon überzeugt ist, Sie seien stärker als er.

Hunde, die miteinander spielen

Es gibt drei Arten von Spielen, die wir arrangieren können, um Hunde mit sich selbst zu beschäftigen.

Suchspiele

Diese Spiele sind bei allen Hunden beliebt, die es gelernt haben zu spielen. Bringen Sie Ihrem Hund bei, verborgene Gegenstände zu finden,

Hunde graben oftmals heftig, besonders wenn sie kleine Tiere, die sich unter der Erdoberfläche bewegen, hören oder riechen können.

indem Sie Spielsachen in hohes Gras legen und ihn dann mit dem Kommando «Such» freilassen. Entwickeln Sie dieses Spiel im Lauf der Zeit immer weiter, bis er einen versteckten Gegenstand in jedem Umfeld auffinden kann.

Buddelspiele

Diese Spiele sind bei Terriern oder Hunden, die zu für die Jagd in Erdlöchern gezüchteten Rassen wie etwa Dackeln gehören, beliebt. Bestimmen Sie ein optisch abgegrenztes Stück Land als Buddelspielplatz, und bringen Sie Ihrem Hund bei, dort vergrabene Knochen und Kauspielzeuge aufzuspüren und hervorzuholen.

Quietschendes Spielzeug

Daran finden Terrier und Hunde mit ausgeprägtem Jagdinstinkt Gefallen. Wie entschlossen Ihr Hund ist, das quietschende Etwas zu töten, zeigt, wie stark seine Raubtiernatur durchschlägt. Hunde, die gern mit Quietschendem spielen, jagen und töten oft auch gern kleine

BEISSEN VERBOTEN

Berührt Ihr Hund beim Spiel mit seinen Zähnen Ihre Hände, und sei es auch zufällig, so lenken Sie seine Aufmerksamkeit darauf, indem Sie winseln, als ob Sie Schmerzen hätten, und das Spiel beenden. So lernt er, beim Spielen künftig auf seine Zähne zu achten.

EIN SPIELZEUG FÜR JEDE GELEGENHEIT

Im Handel sind viele Spielsachen erhältlich. Wählen Sie solche aus, von denen Sie glauben, daß Sie und Ihr Hund gern damit spielen, und die zu der Art von Spielen passen, die Ihr Hund gern hat. Ist Ihr Hund mehr an Futter als an Spielen interessiert, so wählen Sie Spielsachen mit Löchern, in die Sie Hundekuchen, andere Leckerbissen oder Käse stopfen können. Dies wird sein Interesse an den Spielsachen steigern und die Wahrscheinlichkeit erhöhen, daß er gerne damit spielt.

Tiere. Ist Ihr Hund bei solchen Spielen sehr aufgeregt, sollten Sie nur selten so mit ihm spielen.

KAUEN

Beim heutigen Hundefutter gibt es kaum noch etwas zu kauen. Die Nahrung von Hunden bestand ursprünglich aber aus ganzen Kadavern und erforderte viel Kauarbeit. Daher verspüren Haushunde den Drang zu kauen, und zwar ihr ganzes Leben lang. Sie brauchen geeignete Gegenstände, um diesen Wunsch ausleben können. Andernfalls müssen wir damit rechnen, daß sie auf «verbotenen» Gegenständen herumkauen.

Junge Hunde neigen am meisten zum Kauen. Zu den Gegenständen, die man ihnen überlassen kann, gehört alles, worauf sie kauen können, ohne verletzt zu werden. Dinge, die ein Hund mit der größten Begeisterung kaut, sind in der Regel eßbar. Große Markknochen, Rohleder-Spielzeuge, in Fett gebratenes sehniges Fleisch oder ähnliche Fleischabfälle eignen sich. Robuste Spielsachen können von Ihnen auch mit Eßbarem angefüllt werden, und Ihr Hund kann sie auslecken oder -kauen. Halten Sie viele Kauspielzeuge bereit, so daß immer wieder neue und interessante Objekte auftauchen. Achten Sie darauf, daß Sie stets ein paar von ihnen zur Hand haben. Damit ist gewährleistet, daß der Hund sich nicht überfrißt, was häufig geschieht, wenn er nur selten Kauspielzeug oder Knochen bekommt; er wird wahrscheinlich auch weniger eifersüchtig über das wachen, was man ihm gibt.

DAS BEDÜRFNIS, SICH FORTZUPFLANZEN

In einem Wolfsrudel pflanzen sich in der Regel nur die Tiere an der Spitze der Hierarchie fort. Daher ist es wichtig, einen möglichst hohen Status zu erreichen. Der Ehrgeiz, Leithund zu sein, ist in geringerem Maß bei unseren Haushunden erhalten, bei manchen aber stärker ausgeprägt als bei anderen. Da ein Hund die menschliche Familie als sein Rudel betrachtet, kann es für ihn wichtig sein, hier einen hohen Status zu erreichen. Wenn Sie Ihrem Hund klarmachen, daß sein Platz definitiv an letzter Stelle im Rudel ist (siehe Kapitel 3), wird er sich damit zufrieden geben, daß er alles versucht hat, um soweit wie möglich aufzusteigen, und es ist zu hoffen, daß er seine diesbezüglichen Versuche einstellen wird.

Der Wettstreit um das Paarungsrecht wird oft zu einem Problem, wenn zwei oder mehr unkastrierte Männchen oder unsterilisierte Weibchen zusammen gehalten werden. Sind sie ähnlich charakterstark, werden sie sich wahrscheinlich den Rang streitig machen. Dies ist besonders auffällig, wenn die Weibchen läufig sind und die Männchen den Geruch einer Hündin in Hitze auffangen. Werden Hündinnen zusammen gehalten, so ist es ratsam, sie sterilisieren zu lassen, um Probleme zu vermeiden, die zur Zeit der Läufigkeit (oder der Hitze) aufgrund fluktuierender Hormonspiegel auftreten können. Da Männchen keine Paarungszeiten kennen und das ganze Jahr hindurch miteinander im Wettbewerb stehen, ist es günstig, den Schwächeren der beiden Hunde kastrieren zu lassen, weil dadurch zwischen den beiden der Abstand in der Rangfolge vergrößert wird. Obwohl dies dem Wunsch des Halters, die beiden gleich zu behandeln, zuwiderläuft, ist es besser für die Hunde, denn sie können ihre jeweilige Position dann leichter akzeptieren.

Der Paarungswunsch ist bei manchen Hunden stärker ausgeprägt als bei anderen. Manche Rüden laufen auf und ab, verlieren an Gewicht und versuchen vehement, an läufige Hündinnen heranzukommen, während andere weniger Interesse zeigen. Hunde mit starkem Paarungstrieb wetteifern oft mit anderen Rüden in der Nachbarschaft; sie markieren ihr Territorium und verbringen viel Zeit damit, an Laternenpfählen und Hunden herumzuschnüffeln. Sie gehören zu dem Schlag, der oft versucht auszureißen, der von zu Hause wegläuft und auf der Suche nach einem Weibchen umherstreunt. Sie versuchen, auch Bettzeug, ausgestopfte Spielsachen, Kinder oder die Beine von Menschen zu bespringen. Oft tut es solchen Hunden gut, sie kastrieren zu lassen. Dieser verhältnismäßig einfache chirurgische Eingriff erspart ihnen womöglich Jahre der Frustration und verhindert unerwünschtes Verhalten, das durch ihre Hormone verursacht wird.

DAS BEDÜRFNIS NACH SOZIALEM KONTAKT

Alle sozial orientierten Lebewesen benötigen Kontakte, um sich wohlzufühlen, und Hunde sind keine Ausnahme. In freier Wildbahn ist die Zugehörigkeit zu einem Rudel eine wesentliche Voraussetzung, um sicher und gesund leben zu können. Auch unsere Haushunde brauchen das Gefühl, mit den anderen Mitgliedern des Rudels eng verbunden zu sein. Da sie oft nur mit Menschen zusammenleben, ist für sie die Freundschaft zu ihrer menschlichen Familie äußerst wichtig. Dem Hund Liebe und Aufmerksamkeit zu geben, ist eigentlich eine Selbstverständlichkeit; doch in den Augen vieler Halter ist es die Aufgabe des Hundes, ihnen Liebe und Aufmerksamkeit zu schenken, aber nicht umgekehrt. Manche Besitzer sind einfach zu beschäftigt oder zu sehr damit in Anspruch genommen, sich um die anderen Familienmitglieder zu kümmern – insbesondere wenn kleine Kinder im Haus sind –, um noch etwas für ihren Hund übrig zu haben. Fehlen einem Hund wirkliche Liebe und Aufmerksamkeit seitens seines Halters, so wird er verzweifelt versuchen, irgendeine Reaktion zu bekommen, und es kann sein, daß er sich in lästiges oder gar zerstörerisches Verhalten flüchtet.

Widmen Sie Ihrem Hund mehrmals am Tag zumindestes fünf Minuten, die allein für ihn bestimmt sind. Das ist nicht besonders viel, und Sie können ihm auf jeden Fall mehr Zeit reservieren, wenn es Ihnen möglich ist; aber diese wenigen Minuten ungeteilter Aufmerksamkeit werden Ihrem Hund sehr viel bedeuten. In dieser Zeit können Sie ihn streicheln, mit ihm reden oder ihm die Art von Aufmerksamkeit zukommen lassen, die für ihn am erfreulichsten ist. Es kommt darauf an, daß er das Gefühl erhält, geliebt und erwünscht zu sein. Er muß wissen, daß er Ihre ungeteilte Aufmerksamkeit hat, daß Sie es nicht als Pflichtübung betrachten, sondern wirklich gerne mit ihm Zeit verbringen wollen. Wenn Sie ihm auf diese Weise wertvolle Zeit widmen, wird er das Gefühl haben, mit Ihnen verbunden und ein Teil des Rudels zu sein. Dann fühlt er sich sicher und geborgen, und dies beugt unerwünschten Verhaltensweisen vor, die auftreten, wenn sich Hunde isoliert und von ihrem Rudel ausgestoßen fühlen.

5

KAPITEL FÜNF

WIE UND WARUM HUNDE LERNEN

Es ist ein verbreitetes Mißverständnis, daß der Besitzer das Recht hat, von seinem Hund Gehorsam zu erwarten. Hunde sind keineswegs auf Gehorsam programmiert. Sie sind opportunistische, eigenwillige Wesen und tun in jedem Moment immer das, was ihrem Vorteil dient. Wollen wir, daß sie tun, was wir verlangen, so müssen wir ihnen nicht nur die Befehle für bestimmte Handlungen beibringen, sondern es auch für sie lohnend machen, unseren Wünschen zu entsprechen.

WOZU BELOHNUNGEN?

Allem Lernen bei Tieren liegt das Prinzip zugrunde, daß Verhaltensweisen und Aktionen, die belohnt werden, häufiger wiederholt werden. Ein Hund, der einen Abfalleimer umwirft und darin etwas Schmackhaftes findet, wird es wohl wieder tun, und ein Hund, der an jemandem hochspringt und dann Aufmerksamkeit erhält, wird es wieder tun, wenn er eine Person begrüßt, die er mag.

So erinnert er sich auch an Worte, die mit Belohnungen zusammenhängen. Denken Sie nur daran, wie schnell er etwa «Gassi gehen» oder «Kekse» versteht.

Hunde lernen gerne, wenn es ihrem Vorteil dient.

Wenn es gelingt, eine ähnliche Begeisterung mit den Worten «Sitz» oder «Komm» zu erzeugen, wird die Erziehung leicht sein.

Kennt Ihr Hund die Befehle erst einmal, wird er oft schon damit glücklich sein, nur wegen Ihres Lobs zu arbeiten, wenn er eine gute Beziehung zu Ihnen hat. Doch zu Beginn, wenn er noch nicht weiß, was Sie von ihm wollen, wird er sehr viel härter arbeiten müssen, um Ihren Forderungen nachkommen zu können. Erhält ein Haushund während dieser Zeit viel «Gratislob», wird er zusätzliche Anreize benötigen, die ihn dazu bewegen, Ihre Wünsche zu erfüllen.

Selbst wenn der Hund Ihre Zeichen kennt, wird es Zeiten geben, in denen Ihre Forderungen in direkten Konflikt mit seinen Wünschen geraten (zum Beispiel, wenn Sie ihn ausgerechnet dann rufen, wenn er mit einem anderen Hund spielt, oder wenn er sich hinlegen und ausruhen möchte und Sie mit ihm Gehorsamsübungen machen wollen).

In solchen Momenten muß der Lohn, den Sie ihm anbieten, deutlich «höher im Kurs» liegen, als der, den er erhält, wenn er das tut, was er selbst im Sinn hat.

MOTIVATION ZUM GEHORSAM

Damit Sie Ihren Hund leichter dazu ermutigen können, Ihren Forderungen zu entsprechen, müssen Sie seine Motivationen kennen. Es gibt verschiedene Bereiche, die für alle Hunde von Interesse sind, aber man darf nicht vergessen, daß sie Individuen sind und daher auch unterschiedliche Interessen haben. Stellen Sie anhand der unten aufgelisteten Punkte fest, was Ihr Hund wirklich gern hat, bevor Sie mit dem Training beginnen.

1 Lob und Aufmerksamkeit
2 Nahrung
3 Spiel und Sport
4 Bewegung

1 Lob und Aufmerksamkeit

Wenn Sie zum Rudel Ihres Hundes gehören, möchte er gern mit Ihnen befreundet sein. Stehen Sie rangmäßig über ihm, so wird er Ihnen gehorchen wollen, weil er Respekt vor Ihnen hat. Je höher im Rang er Sie einstuft, umso williger wird er Ihren Befehlen Folge leisten. Fällt es Ihnen schwer, ihn unter Kontrolle zu halten, und gehorcht er Ihren Zeichen des öfteren nicht, obwohl er sie kennt, müssen Sie wahrscheinlich Ihren Status verbessern, indem Sie die in Kapitel 3 geschilderten Methoden anwenden.

Wenn Sie eine gute Beziehung zu Ihrem Hund haben, wird er Ihnen zu Gefallen sein wollen und sich über Ihr Lob und Ihre Aufmerksamkeit freuen. Bedenken Sie aber, daß

Kinder können einen Hund oft gut motivieren, denn sie sind enthusiastisch, ehrlich und ungehemmt.

ein Haushund einfach nur deshalb, weil er da ist, sehr viel Lob und Aufmerksamkeit bekommt und deshalb nicht unbedingt dafür arbeiten möchte. Wenn Sie also Ihrem Hund dauernd Aufmerksamkeit schenken, weil Sie es einfach gern tun, brauchen Sie andere Anreize, damit er für Sie tätig wird. Ansonsten können Sie das Maß der Aufmerksamkeit, die Sie ihm schenken, einfach reduzieren und ihn künftig dafür arbeiten lassen.

Es gibt verschiedene Möglichkeiten, Aufmerksamkeit zu schenken, und es ist wichtig, die Art zu wählen, die den Hund am meisten erfreut.

◆ Sprechen

Loben Sie Ihren Hund mit hoher, beglückt klingender Stimme. Lassen Sie ihn so spüren, daß Sie sehr zufrieden sind, wenn er etwas richtig gemacht hat, und benutzen Sie diesen besonderen Tonfall nur in solchen Situationen. Loben Sie ihn rückhaltlos und nachdrücklich, so daß er keinerlei Zweifel daran haben kann, daß er Sie zufriedengestellt hat. Kinder können oft sehr gut loben, denn sie sind weniger zurückhaltend als Erwachsene und kichern und quietschen vergnügt, was auch dem Hund Freude macht.

◆ Schauen

Manche Hunde mögen den Blickkontakt mehr als andere. Wenn es Ihren Hund verunsichert, dann starren Sie ihn nicht an, während Sie ihn loben, sondern schauen Sie statt dessen auf seinen Schwanz.

◆ Berühren

Manche Hunde lassen sich lieber berühren als andere. Wenn Ihr Hund es mag, dann berühren Sie ihn, wenn er etwas richtig gemacht hat. Die

ZIELEN SIE AUF ERFOLGE AB

Geben Sie während des Trainings keine Befehle, besonders keinem jungen oder heranwachsenden Hund, deren Befolgung Sie nicht erzwingen können (d. h., befehlen Sie ihm nicht zu kommen, wenn er nicht an der Leine ist und in einiger Entfernung einem Kaninchen nachjagt). Erteilen Sie Befehle nur dann, wenn Sie in der Lage sind, den Hund zum Gehorsam zu zwingen, wenn er nicht folgt. Geben Sie nur einen Befehl, und stellen Sie sicher, daß Sie etwas tun können, wenn der Hund nicht reagiert. Möglicherweise ist es das Beste, davon auszugehen, daß er Sie nicht verstanden hat, und ihn dann zur geforderten Aktion zu verlocken oder anzuleiten, damit Sie ihn loben können. Wenn Sie dies jedesmal machen, wenn Sie ihn dazu auffordern, etwas zu tun, wird er begreifen, daß ihm nichts anderes übrigbleibt, als zu gehorchen. Erteilen Sie andererseits oft Befehle, die er ignoriert und die Sie nicht mit geeigneten Maßnahmen durchsetzen, wird er auf Ihre Stimme nicht mehr reagieren und unfolgsam sein.

körperliche Empfänglichkeit und die Vorlieben sind von Hund zu Hund verschieden; daher ist es wichtig, daß Sie herausfinden, wie und wo Ihr Hund gerne berührt wird. Manche werden nicht gern am Kopf, sondern unter dem Kinn gestreichelt. Andere möchten gerne am Rücken berührt werden. Die meisten Hunde lieben es, wenn man sie im Brustbereich streichelt. Ob Sie einen Hund tätscheln, streicheln oder kraulen, sollte von ihm bestimmt werden.

2 NAHRUNG

Die meisten Hunde können mit Nahrung motiviert werden, besonders solche mit großem Appetit, etwa Labradore. Die Hunde müssen nicht hungrig sein, obwohl es ratsam ist, die Lektionen so zu legen, daß sie ungefähr mit den Fütterungszeiten zusammenfallen. Die Ration Futter, die man jedesmal gibt, sollte klein sein, damit der Hund nicht zu schnell satt wird. Merkwürdigerweise scheinen die Hunde bereit zu sein, für kleinere Bissen härter zu arbeiten als für größere. Je duftender und wohlschmeckender die Happen sind, umso interessierter ist der Hund. Trockenes Futter ist angenehmer zu verwenden. Gekochte und gebratene Leberstückchen, nicht größer als eine Erbse, sind ideal.

Vielleicht stellen Sie fest, daß der Hund an Ihren Happen nach einer Weile keinen Gefallen mehr findet. Versuchen Sie es dann mit etwas

Belohnungen in Form schmackhafter Leckerbissen und liebevollen Lobs erhöhen die Wahrscheinlichkeit, daß Ihr Hund sein Verhalten wiederholt.

ÜBUNGEN ABSEITS DER GEWOHNTEN UMGEBUNG

Wenn Sie damit beginnen, in einer anderen als der gewohnten häuslichen Umgebung zu arbeiten, stellen Sie vielleicht fest, daß er an der Belohnung, die Sie ihm anbieten, kein Interesse mehr zeigt. Dafür gibt es zwei mögliche Gründe. Einer besteht darin, daß der Drang, die neue Umgebung zu erkunden oder mit anderen Hunden zu spielen, zu stark ist; zum anderen könnte es sein, daß Ihr Hund die Welt draußen als etwas belastend erlebt und zu ängstlich ist, um zu fressen oder zu spielen. Lassen Sie ihm Zeit, damit er sich an die Umgebung gewöhnen kann – bis sie ihm zu langweilig wird oder er die Angst verliert. Erst dann wird er seine Aufmerksamkeit Ihnen oder der Belohnung, die Sie ihm anbieten, zuwenden.

anderem, etwa mit kleinen Hartkäsewürfeln, und es sollte sich eine Verbesserung einstellen. Indem Sie eine Vielzahl verschiedener Happen reichen, können Sie diesem Problem gut vorbeugen.

3 Spiele

Eine der besten Arten, Ihren Hund dazu zu bewegen, etwas für Sie zu tun, sind Spiele. Sie machen das Lernen zu einem Vergnügen, und wenn Ihr Hund Spaß hat, erinnert er sich wahrscheinlich besser an die Lektionen. Wählen Sie das Spiel, das Ihr Hund am liebsten hat (siehe Seite 65), und benutzen Sie es, um die gewünschte Aktion herbeizuführen und zu belohnen.

4 Bewegung

Obwohl Bewegung nicht so leicht als Belohnung für das gewünschte Verhalten eingesetzt werden kann, sollte man bedenken, daß Bewegung oft schon für sich genommen eine Belohnung für Hunde ist, besonders für junge, energiegeladene Tiere. Die Erlaubnis, frei herumzutollen oder nach Herzenslust zu rennen, statt stillstehen zu müssen, wird als Belohnung empfunden.

Kurze Übungsphasen

Halten Sie kurze Übungssitzungen von höchstens fünf Minuten Dauer ab. Mehrere solcher Sitzungen über den Tag verteilt, bei Spaziergängen und zu Hause, während Sie darauf warten, daß das Wasser kocht, in Arbeitspausen usw., werden bald dazu führen, daß Sie einen wohlerzogenen Hund haben. Da die Sitzungen kurz sind, bleibt Ihr Hund interessiert und ist eifrig bei der Sache. Lange Sitzungen ermüden und langweilen Hund und Besitzer. Am Ende jeder Sitzung sollte Ihr Hund einige Fortschritte gemacht haben. Ist dies nicht der Fall, überlegen Sie genau, was Sie ihm beibringen wollen und wie. Soll seine Erziehung zum Erfolg führen, so ist einige Überlegung seitens des Halters erforderlich. Denken Sie zwischen den Sitzungen darüber nach, wie Sie Ihren Hund erziehen wollen und was er lernen soll, und nicht während der Übungen selbst, wenn Sie sich auf ihn konzentrieren müssen.

Tut Ihr Hund nicht, was Sie wollen, sind Sie vermutlich frustriert, und Ärger ist die natürliche Folge. Werden Sie ärgerlich, so veranlassen Sie Ihren Hund dazu, etwas zu tun, das er kann; belohnen Sie ihn, und beenden Sie dann sofort die Übungen. Nehmen Sie sich Zeit, um sich zu beruhigen, und denken Sie darüber nach, was falsch läuft, damit der Hund es beim nächsten Mal richtig machen kann.

Hunde wie auch Menschen fühlen sich an manchen Tagen unpäßlich. Ist Ihr Hund einmal nicht «in Form», gönnen Sie ihm Ruhe und nehmen Sie die Übungen erst am nächsten Tag wieder auf. Bevor Sie mit den Übungen beginnen, sollten Sie sich vergewissern, daß er nicht zu viel oder zu wenig gefordert wird und zuvor Gelegenheit hatte, sich zu erleichtern.

Hunde können sich nicht so gut konzentrieren und lernen weniger schnell, wenn sie unter Druck stehen oder beunruhigt sind. Deshalb ist es wichtig, sie nicht zu bestrafen, wenn sie etwas nicht richtig machen. Ignorieren Sie unkorrekte Bewegungen einfach oder verhindern Sie diese mit sanftem Nachdruck, und achten Sie darauf, richtige Aktionen zu belohnen.

Legen Sie daheim einen Vorrat von Leckerbissen an. Es steht Ihnen dann offen, viele kurze Lektionen einzuschieben, wann immer Sie einen freien Augenblick haben.

WORTE UND ZEICHEN LEHREN

Das Lehren eines Befehls läßt sich in drei Abschnitte gliedern. Folgendes ist zu tun:

- Veranlassen Sie Ihren Hund dazu, die gewünschte Aktion auszuführen.
- Belohnen Sie die gewünschte Aktion, damit sie vom Hund künftig eher wiederholt wird.
- Verbinden Sie einen Befehl mit der gewünschten Aktion.

Das Ziel – das gewünschte Verhalten – ist nur mit viel Geduld und nach vielen Wiederholungen zu erreichen.

DIE GEWÜNSCHTE AKTION – LOCKEN ODER ZWINGEN?

Um die gewünschte Aktion herbeizuführen, ist es das Beste, den Hund mittels einer Belohnung in die richtige Position zu locken, oder die Belohnung so sorgfältig zu plazieren, daß der Hund die gewünschte Aktion unternimmt, um sie zu erhalten. Diese Methode ist sehr erfolgreich, denn der Hund denkt über die Situation nach und kommt ganz von selbst darauf, was er zu tun hat. Sobald er zu verstehen beginnt, was er tun soll, muß man die Belohnung verstekken, damit sie nicht als ein so offensichtlicher Anreiz wirkt. Auf diese Weise wird der Hund weniger stark auf die Belohnung selbst fixiert und ist eher bereit, auf die Zeichen zu achten, die gegeben werden. Schließlich kann das Lockmittel ganz wegfallen, denn der Hund beginnt, auf das Zeichen allein zu reagieren.

Die andere Methode zur Herbeiführung der gewünschten Aktion besteht darin, den Hund von Hand in die richtige Position zu führen; ihm bleibt keine Wahl, als das gewünschte Verhalten zu zeigen. Obwohl diese Methode auch Resultate zeitigt – denn der Hund beginnt, das geforderte Verhalten mit dem Befehl zu verbinden –, führt sie oft langsamer zum Ziel: Der Hund denkt nicht selbst nach, sondern wird vom dem Eindruck, gezogen oder geschoben zu werden, abgelenkt. Wenn überdies zu großer Zwang angewendet oder der Hund nicht gern angefaßt wird, könnte diese Methode bei ihm Angst hervorrufen, die seine Lernfähigkeit beeinträchtigt.

ZEICHEN ODER WORTE?

Handzeichen versteht der Hund viel schneller als gesprochene Worte. Wollen Sie ihm das Erlernen von Worten erleichtern, sollten Sie ihm sowohl ein Handzeichen als auch ein Wort beibringen und, wenn er mehr Erfahrung hat, allmählich das Handzeichen weglassen, bis schließlich nur noch das Wort übrigbleibt.

DER ZEITPUNKT

Hunde leben in der Gegenwart, nicht in der Vergangenheit oder in der Zukunft, und müssen für Wohlverhalten sofort belohnt werden, nicht erst später. Sie können sich an das erinnern, was sie getan haben, aber wir können ihnen nicht klarmachen, welcher Aspekt ihres Verhaltens es ist, den wir belohnen. Um diesen also von neuen Handlungen abzugrenzen, ist es nötig, die Belohnung sofort zu geben. Eine Verzögerung von mehr als zwei Sekunden ist bereits zu lang, denn der Hund hat dann schon wieder etwas anderes im Sinn. Die besten Ergebnisse erzielt man, wenn man mit dem Lob beginnt, sobald der Hund anfängt, sich auf die gewünschte Weise zu verhalten, und sie durch zusätzliche Belohnung bekräftigt, wenn er damit fertig ist.

Die Aktion mit einem Befehl zusammenbringen

Haben Sie Ihren Hund einmal zum erwünschten Verhalten gebracht, wollen Sie, daß er es künftig auf Befehl tut, wann immer Sie ihm das entsprechende Zeichen geben. Um das zu erreichen, müssen Sie ihm, unmittelbar bevor die gewünschte Aktion erfolgt, ein Zeichen geben, damit er es mit dem erwünschten Verhalten in Zusammenhang bringen kann. Wenn Sie ihn zum Beispiel durch Locken dazu gebracht haben, die Sitz-Position einzunehmen, und er setzt sich hin, sobald Sie einen Bissen über seinen Kopf halten, müssen Sie, umittelbar bevor Sie den Bissen hochheben, sagen: «Sitz!» Er wird dieses Wort dann allmählich mit seiner Handlung, die darin besteht, das Hinterteil auf den Boden zu drücken, in Verbindung bringen.

Viele Wiederholungen sind erforderlich, bevor Ihr Hund merkt, was Sie von ihm wollen

Verhalten nicht belohnen

Handlungen, die nicht belohnt werden, werden weniger oft wiederholt. Wenn wir einen Hund erziehen, sollten wir darauf achten, unerwünschte Verhaltensweisen nicht versehentlich zu belohnen. Da einige Handlungen, etwa das Aufgeben einer «Bleib»-Position, schon für sich eine Belohnung sind, müssen wir einen Schritt vorausdenken und verhindern, daß es überhaupt dazu kommt.

und bevor er die Handlung ausführt, ohne in die richtige Position gelockt worden zu sein. Wenn er zu verstehen beginnt, worauf Sie hinaus wollen, müssen Sie ein längeres Intervall zwischen das Zeichen und das In-Position-Bringen einschieben, damit er Zeit hat, von selbst zu handeln.

Assoziationen

Begreift Ihr Hund, wie er an die Belohnung kommt, wird er zugleich eine ganze Reihe von Assoziationen mit diesem Ereignis verknüpfen. Verändert man eine dieser Assoziationen, muß man die Lektion erneut durchnehmen. Haben Sie ihm zum Beispiel in der Küche beigebracht zu sitzen und fordern Sie ihn dann im Garten dazu auf, wird er nicht unbedingt verstehen, was Sie meinen: Er hat gelernt, auf einen Komplex von Assoziationen zu reagieren – er stand vor Ihnen, erhielt das Zeichen «Sitz», sah die

Spüle und befand sich in der Nähe des Tisches. Wenn ihm nur noch zwei von all diesen Assoziationen bleiben, d. h., Sie stehen vor ihm und geben das Zeichen für «Sitz», dann fällt es ihm schwer zu verstehen, was Sie meinen. Deshalb müssen Sie ihm diese Lektion erneut von Grund auf beibringen, und zwar an vielen verschiedenen Orten, während Sie und er sich in unterschiedlichen Positionen befinden, bis er beginnt, die Handlung nur noch mit dem Zeichen zu assoziieren.

Anfänglich «speichert» ein Hund ein Bündel von Assoziationen und nicht nur einen Befehl. Bringen Sie ihm das Sitzen bei, wenn er vor Ihnen steht, und dann, wenn er neben Ihnen steht. Dies hilft ihm, den Befehl als solchen zu verstehen.

Hundeausbildung

Lassen Sie Ihren Hund nur an solchen Kursen teilnehmen, bei denen sanfte, auf Belohnung aufbauende Methoden angewendet werden. Bitten Sie Ihren Tierarzt, Ihnen das nächstgelegene Trainingszentrum zu nennen. Meiden Sie aber Ausbilder, die Zwingerhalsbänder oder Züchtigungen anwenden. Es ist sinnvoll, eine Veranstaltung zuerst ohne den Hund zu besuchen, damit Sie sehen können, was dort abläuft. Bei einer guten Institution, die nichts zu verbergen hat, wird man nichts dagegen haben. Sind die Hunde und die Besitzer zufrieden und machen Fortschritte, dann melden Sie sich an. Vielleicht müssen Sie eine Weile suchen, bis Sie einen geeigneten Ort gefunden haben.

6

KAPITEL SECHS

NÜTZLICHE TRAININGSÜBUNGEN

Das Leben wird für Sie beide einfacher, wenn Sie Ihrem Hund beibringen zu kommen, wenn Sie ihn rufen, an der Leine zu gehen, ohne zu ziehen, und sich auf Befehl zu setzen, sich hinzulegen, stillzustehen oder sich auf die Seite zu legen. Ein Hund, der diese Befehle versteht und willig darauf reagiert, wird öfter ausgeführt und bekommt mehr Freiheiten als ein Hund, der nicht gut gehorcht.

Bringen Sie Ihrem Hund das «Sitz» bei, so haben Sie mehr Kontrolle über ihn, und er benimmt sich besser, besonders wenn er nicht an der Leine ist.

KOMMEN, WENN GERUFEN WIRD

Daß der Hund kommt, wenn er gerufen wird, ist etwas sehr Wichtiges, denn es ermöglicht Ihnen, ihn aus einer möglichen Gefahr wegzuholen, wenn Sie ihn von der Leine gelassen haben. «Komm» ist einer der nützlichsten Befehle, die zu befolgen ein Haushund je lernen kann. Wenn Ihr Hund zuverlässig kommt, sobald Sie ihn rufen, können Sie ihm mehr Freiheit geben und mehr Bewegung verschaffen. Das steigert seine Zufriedenheit und führt schließlich zu besserem Verhalten.

1 Lassen Sie eine Person den Hund am Halsband festhalten. Zeigen Sie ihm, daß Sie etwas haben, das er möchte.

2 Bewegen Sie sich rückwärts von ihm weg, halten Sie an und kauern Sie sich ihm zugewendet nieder. Rufen Sie ihn voller Begeisterung, während Sie die Arme zu einer Willkommensgeste ausbreiten (in diesem Moment sollte die Hilfsperson sein Halsband loslassen).

WANN MAN DEN HUND NICHT RUFEN SOLL

Rufen Sie Ihren Hund niemals, wenn Sie etwas mit ihm vorhaben, das er nicht mag – etwa baden, Krallen schneiden oder ihn allein einsperren –, denn dann wird er beim nächsten Mal weniger Bereitschaft zeigen zu reagieren. Begeben Sie sich statt dessen immer zu ihm hin, und nehmen Sie ihn mit.

1

3 Wenn der Hund sich auf Sie zubewegt, loben Sie ihn in einer hohen, quietschenden Tonlage. Wenn er näherkommt, halten Sie ihm die Belohnung hin und benutzen Sie sie, um ihn ganz zu sich herzulocken. Bevor Sie ihm die Belohnung geben, ergreifen Sie sein Halsband. Geben Sie ihm die Belohnung, aber stellen Sie eine mentale Verbindung mit ihm her, bevor Sie das Halsband loslassen, indem Sie ihn überschwenglich loben und ihm zu verstehen geben, daß er seine Sache gut gemacht hat.

◆ Führen Sie diese Übung wiederholt durch, bis Ihr Hund zu verstehen beginnt, worauf Sie abzielen. Wenn es soweit ist, können Sie auf die

HUNDE, DIE LIEBER SPIELEN

Wenn Sie ihn mit einem Spiel statt mit einem Leckerbissen belohnen, nehmen Sie ihn kurz am Halsband und spielen Sie dann voller Begeisterung mit ihm.

2

Hilfsperson verzichten und Ihren Hund rufen, wenn er etwas anderes im Sinn hat. Denken Sie daran, immer die gleichen Worte zu benutzen und in der gleichen Tonlage zu rufen. Benutzen Sie Leckerbissen und Spielzeug nicht mehr als Lockmittel, sobald er bereitwillig zu Ihnen kommt, sondern geben Sie ihm dies als Belohnung, wenn er bei Ihnen ankommt. Vergessen Sie nicht, ihn jedesmal, wenn er gehorcht, aufrichtig und überschwenglich zu loben.

◆ Beginnen Sie diese Übung im Haus oder Garten, wo es wenig Ablenkung gibt. Halten Sie an verschiedenen Orten Leckerbissen bereit, und üben Sie mehrmals am Tag. Benutzen Sie alles, was Ihr Hund interessant findet, als Belohnung – Spiele, feine Happen, seine Mahlzeiten und das Spazierengehen.

3

◆ Stürmt Ihr Hund begeistert auf Sie zu, sobald Sie rufen, ob er Sie sehen kann oder nicht, beginnen Sie, mit ihm auf einem Spaziergang

draußen zu üben. Wählen Sie einen Ort, an dem es keine Ablenkungen wie andere Hunde, Kinder oder Verkehr gibt. Sind Sie nicht auf eingefriedetem Gelände, befestigen Sie eine lange Schnur an seinem Halsband, damit er nicht weglaufen kann und Sie Ihrem Befehl nötigenfalls Nachdruck verleihen können. (Achten Sie

Manche Hunde interessieren sich mehr für Spiele als für Leckerbissen. Belohnen Sie ihn mit dem, was er am liebsten hat.

darauf, sich nicht in der Schnur zu verfangen. Vielleicht ist es einfacher, zunächst eine elastische Leine zu benutzen, vor allem, wenn Sie einen großen, energiegeladenen Hund haben.)

Achten Sie darauf, ihn ebenso fröhlich zu rufen, wie Sie es zu Hause tun, wenn es um sein Fressen geht, und ihn begeistert zu loben, wenn er gehorcht.

◆ Rufen Sie ihn bei jedem Spaziergang drei- oder viermal; wenn er kommt, belohnen Sie ihn mit etwas, das er wirklich gern hat. Halten Sie ihn dabei am Halsband, und lassen Sie ihn sofort wieder davonrennen, damit er lernt, daß es nicht das Ende seiner Freiheit bedeutet, wenn er zu Ihnen kommt. Rufen Sie ihn anfänglich nur, wenn er sich auf Sie zubewegt oder bei seinem Tun gelangweilt wirkt. Zielen Sie jedesmal auf ein Erfolgserlebnis ab, damit der Hund lernt, schnell zu gehorchen.

◆ Kommt er zu Ihnen, sobald Sie ihn rufen, müssen Sie auf eine gleich begeisterte Reaktion hinwirken, wenn er anderes im Sinn hat. Befindet er sich ganz in Ihrer Nähe, wird aber von einem Geruch im Gras abgelenkt oder sieht in der Ferne einen anderen Hund, so rufen Sie ihn lebhaft, und belohnen Sie ihn gut, wenn er kommt. Folgt er nicht, so benutzen Sie die Schnur, um den Befehl durchzusetzen, während Sie rückwärts laufen und lebhaft rufen, damit er mehr Freude daran hat, zu Ihnen zu rennen. In dieser Phase müssen Sie vielleicht interessantere Belohnungen einsetzen (etwa sein Lieblingsspielzeug oder sehr schmackhafte Happen). Üben Sie häufig, steigern Sie allmählich die Intensität der Ablenkungen, und vergrößern Sie den Abstand zwischen Ihnen und dem Hund.

◆ Erfolgt trotz der Ablenkungen eine sofortige, begeisterte Reaktion und auch dann, wenn er ein Stück weit von Ihnen entfernt ist, so können Sie ihn beruhigt von der Leine lassen. Wählen Sie zunächst ein ruhiges, sicheres Gebiet, und lassen Sie ihn eine Weile frei laufen, bevor Sie ihn zurückrufen. Belohnen Sie ihn reichlich und lassen Sie ihn wieder davonsausen. Rufen Sie ihn immer zurück, wenn er sich zu weit von Ihnen entfernt, damit Sie ihn stets unter Kontrolle haben.

◆ Schimpfen Sie nie mit ihm, wenn er zu Ihnen kommt. Versuchen Sie immer, möglichst begeistert zu sein und ihn reichlich zu belohnen – gleichgültig, was er gerade getan hat!

MACHEN SIE ES SPANNEND FÜR DEN HUND

Hat Ihr Hund erst einmal gelernt zurückzukommen, wenn er gerufen wird, wechseln Sie mit den Belohnungen ab, so daß er anfängt zu spekulieren, was es wohl sein mag. Belohnen Sie ihn also manchmal mit einem Happen, manchmal mit einem Spiel, manchmal mit einer Menge wirklich schmackhafter Leckerbissen, manchmal mit einem besonders enthusiastischen Spiel. Willkürlich die Belohnungen abzuwechseln, wird sein Interesse wachhalten und seine Reaktionen beschleunigen. Sparen Sie die besten Belohnungen für die besten Reaktionen auf, um diese zu fördern.

OHNE ZIEHEN AN DER LEINE GEHEN

Dies ist eine weitere grundlegende Übung, denn es ist nicht angenehm, einen Hund, der an der Leine zieht, auszuführen. Hunde, mit denen spazierenzugehen ein Vergnügen ist, werden öfter mitgenommen und haben daher mehr Bewegung.

Das Geheimnis, einen Hund dazu zu bringen, nicht zu ziehen, besteht darin, nur dann weiterzugehen, wenn die Leine durchhängt, und anzuhalten, sobald sie sich spannt. Das klingt sehr einfach, und doch spielt sich oft gerade das Gegenteil zwischen Hund und Besitzer ab. Hunde lernen schnell, daß der Besitzer sich weiterbewegt, wenn sie sich ins Halsband werfen. In der Folge kommt es beim An-der-Leine-Gehen oft zu dem Verhaltensmuster, daß der Hund zieht und sein Halter sich weiterbewegt. Besitzer maßregeln mitunter Ihren Hund, wenn sie das Ziehen satt haben; doch der Hund gibt den Kampf nur vorübergehend auf und beginnt sofort wieder zu ziehen, wenn er es gefahrlos tun kann.

Um dieses Verhaltensmuster zu durchbrechen, ist Ausdauer nötig. Machen Sie einen Neubeginn, und beschließen Sie gemeinsam mit den anderen Familienmitgliedern, daß niemand es dem Hund mehr erlauben wird, an der Leine zu ziehen.

HUMANE METHODEN

Verwenden Sie niemals Dressur- oder Zwingerhalsbänder, die einen Hund am Ziehen hindern sollen. Solche Utensilien können Unbehagen verursachen und mit der Zeit den Hals des Tieres schädigen. Der Gebrauch eines gewöhnlichen Halsbands und einer Leine erfüllt den gleichen Zweck und ist humaner.

Die Technik, mit loser Leine zu gehen, ist folgende.

Vergewissern Sie sich, daß Sie die richtige Ausrüstung haben. Ein kräftiges Halsband ist erforderlich. Befestigen Sie daran eine Leine, und zwar so, daß sich, wenn der Hund neben Ihnen steht, die Handschlaufe vor

HUNDEZAUMZEUG

Ein einfaches Mittel, um das Ziehen zu unterbinden, ist der Gebrauch eines Hundezaumzeugs. Derartige Produkte ermöglichen es Ihnen, den Kopf des Hundes unter Kontrolle zu haben; sie funktionieren nach dem gleichen Prinzip wie Zaumzeug für Pferde. Der Körper folgt den Bewegungen des Kopfes; damit ist es schwieriger für den Hund, Sie mitzuzerren, als wenn er nur ein Band um den Hals trägt.

Ihrem Bauch befindet, während der Rest der Leine in einem Bogen herabhängt, ohne den Boden zu berühren. Mit einer kürzeren Leine hätte Ihr Hund nicht genug Bewegungsfreiheit, und eine längere Leine würde sich verfangen.

1 Nehmen Sie den Hund an die Leine, bleiben Sie stehen, und halten Sie die Handschlaufe mit beiden Händen direkt vor Ihrem Bauch. Zieht der Hund an der Leine, machen Sie mit ihr kurze, scharfe Rucke, so daß er sich nicht darauf verlassen kann, daß sie ihn hält. Das wird ihn dazu bringen, sich gerade aufzurichten, statt sich ins Halsband zu legen. Sprechen Sie nicht, denn dies wird Sie und ihn verwirren und die Konzentration stören. Sobald er ohne zu ziehen dasteht, hängt die Leine lose herab, und Sie können weitergehen.

2 Stürmt er voran und spannt sich die Leine, so halten Sie die Handschlaufe wieder direkt vor Ihren Bauch, und bleiben Sie stehen. (Wenn er mit Tempo vorwärtsläuft, so lehnen Sie sich ein wenig zurück, um dem Ruck, der erfolgt, wenn Sie ihn zum Halten zwingen, entgegenzuwirken.) Versuchen Sie, im voraus zu erkennen, wann sich die Leine spannen wird, und bleiben Sie kurz vorher stehen. Dann ver-

1

2

spürt Ihr Hund jedesmal einen scharfen Ruck, wenn er sich zu weit von Ihnen entfernt, und, noch schlimmer, er muß anhalten, obwohl er vorwärts gehen möchte.

3 Bringen Sie ihn mit kleinen scharfen Rukken wieder dazu, daß er sich aufrichtet und die Leine lose fällt. Bewegen Sie sich nur dann weiter, wenn die Leine wirklich lose ist. Läuft der Hund um Sie herum oder hinter Sie, so halten Sie an. Führen Sie ihn in die Ausgangsposition zurück, und beginnen Sie von vorn.

4 Wiederholen Sie Punkt 3, bis der Hund sich darauf zu konzentrieren beginnt, daß die Leine lose fällt. Wenn er dies tut, loben Sie ihn mit Ruhe und sagen Sie ihm, wie brav er ist.

Es gibt keinen Grund für andere Belohnungen, da die Vorwärtsbewegung in sich selbst Lohn genug ist. Es mag lange dauern, bis Ihr Hund geht, ohne zu ziehen, aber Sie werden schnellere Fortschritte erzielen, sobald er zu begreifen beginnt, was von ihm gefordert wird, und er wird mit alten Gewohnheiten brechen. Er vergißt all das schnell, wenn er aufgeregt ist, aber wenden Sie einfach die neue Methode an, sobald er wieder zieht; so wird er rasch lernen, daß dies nicht in seinem Interesse ist.

3

4

SITZ, PLATZ, STEH, LIEG, BLEIB

Es ist nützlich, eine Reihe von Worten zu haben, mit denen Sie dem Hund zu verstehen geben können, welche Position er einnehmen soll. Sie können dann gut mit ihm umgehen, wenn etwa ein Besucher kommt, der sich vor Hunden fürchtet, oder wenn der Tierarzt ihn am Bauch untersuchen muß.

Wählen Sie ein Wort für jede Position, die der Hund einnehmen soll, und bleiben Sie strikt dabei. Es ist auch hilfreich, zeitweilig ein Handzeichen einzusetzen; dies wird dem Hund den jeweiligen Wort-Befehl verstehen helfen.

SITZ

1 Locken Sie Ihren Hund mit einem Happen in die gewünschte Position. Halten Sie den Bissen fest zwischen Daumen und Zeigefinger direkt über seine Nase.

2 Er wird die Nase heben, um an den Happen heranzukommen, und Sie müssen den Bissen nun so bewegen, daß der Hund seine Nase nach oben und hinten reckt.

3 Während sein Kopf nach oben und etwas zurückgeht, senkt sich sein Hinterteil in die Sitz-Position, weil er versucht, sich im Gleichgewicht zu halten. Wenn er dies tut, so reichen Sie ihm den Happen, und loben Sie ihn überschwenglich. Fahren Sie mit dem Lob fort, solange er die Position beibehält, und hören Sie damit auf, wenn es für ihn an der Zeit ist aufzustehen.

◆ Dieser Befehl wirkt einfach, doch er erfordert am Anfang einige Geduld. Begreift Ihr Hund allmählich, was von ihm verlangt wird, haben Sie es einfacher. Es kann von Vorteil sein, ihn mit dem Gesäß vor eine Wand zu plazieren, damit er nicht nach hinten ausweichen kann. Hunde, die man schon mit Positionieren trainiert hat, reagieren vielleicht auch auf sanften Druck auf den Körper; hilft das nicht, so greifen Sie wieder zur beschriebenen Methode, bei der Sie mit einem Leckerbissen locken.

◆ Allmählich begreift der Hund, was Sie von ihm wollen, und setzt sich, sobald Sie den Hap-

1

pen über seinen Kopf bewegen. Ist dies der Fall, dann beginnen Sie mit dem Sitz-Befehl, und zwar unmittelbar bevor Sie Ihre Hand auf ihn zubewegen. So kann er eine Verbindung zwischen dem Wort und seiner Aktion herstellen. Üben Sie dies in vielen kurzen Sitzungen.

◆ Sobald sich Ihr Hund unwillkürlich hinsetzt, wenn Sie einen Bissen über seine Nase halten, verstecken Sie den Happen in Ihrer Hand. Schließlich werden Sie in der Lage sein, den Vorgang, daß Sie den Happen auf seine Nase zubewegen, in ein Handzeichen umzuwandeln. Fahren Sie fort, dies zu üben, wobei Sie den Befehl unmittelbar vor dem Handzeichen geben, und letzeres nach und nach weglassen, bis nur noch das Wort übrigbleibt.

«Sitz» und «Platz»

Seien Sie vorsichtig im Umgang mit diesen Worten. Benutzen Sie «Sitz» nur fürs Hinsetzen und «Platz» nur fürs Hinlegen. Unterscheiden Sie klar zwischen diesen beiden Befehlen, damit Ihr Hund nicht in Verwirrung gerät und genau weiß, was Sie wollen.

◆ Trainieren Sie den Hund an vielen verschiedenen Orten und aus verschiedenen Standpositionen.

2

3

Platz

1 Bringen Sie Ihren Hund mit einem Happen in die gewünschte Position. Lassen Sie ihn zuerst die Sitz-Position einnehmen.

2 Bewegen Sie den Happen nach unten, zwischen seine Vorderpfoten. Sie brauchen anfänglich etwas Geduld; seien Sie beharrlich, und führen Sie alle Handbewegungen langsam und überlegt aus, und der Hund wird bald lernen, wie er darauf reagieren soll.

3 Wenn der Hund viele Male versucht hat, den Happen zu bekommen, und keine Lust mehr hat weiterzumachen, geben Sie ihm gelegentlich etwas dafür, daß er seinen Kopf senkt, damit er bei Laune gehalten wird. Sollte er aufstehen, so bringen Sie ihn wieder in die Sitz-Position, und versuchen Sie es erneut.

3

4 Sobald er sich einmal hinlegt, loben Sie ihn, füttern Sie ihn mit dem Leckerbissen, und sobald seine Ellbogen den Boden berühren, steigern Sie Ihr Lob deutlich.

◆ Reagiert der Hund auf das Lockmittel, und versteht er, was er tun muß, um den Happen zu bekommen, geben Sie Ihren Befehl, bevor Sie die Hand nach dem Hund ausstrecken.

◆ Wie bei «Sitz» sollten Sie auch diesen Befehl oft und in kurzen Sitzungen üben. Gehen Sie dazu über, den Happen zu verbergen, und führen Sie das Handzeichen ein; lassen Sie schließlich das Handzeichen wegfallen, so daß nur noch das Wort übrigbleibt.

◆ Trainieren Sie den Hund an vielen verschiedenen Orten und aus verschiedenen Standpositionen.

4

STEH

1 Man geht ähnlich wie bei «Sitz» und «Platz» vor. Benutzen Sie ein Lockmittel, um den Kopf des Hundes aus der Sitz-Position nach vorne zu bringen, indem Sie den Happen in gerader Linie von seiner Nase wegbewegen, so daß der Hund aufstehen muß, um den Happen zu erreichen.

2 Wenn er aufsteht, halten Sie den Happen ruhig, und belohnen Sie den Hund reichlich. Benutzen Sie die gleichen Techniken wie zuvor, um den Befehl «Steh» zu trainieren.

◆ Ein Hund prägt sich zunächst eine Reihe von Assoziationen ein. Wenn Sie ihm nun beibringen, sich aus der Sitz-Position zu erheben, sollten Sie bedenken, daß er Sie nicht verstehen wird, wenn Sie ihn dazu auffordern, sich auch aus der Platz-Position zu erheben. Sie müssen ihm das von Grund auf neu zeigen, wenn Sie wollen, daß er das Wort «Steh» richtig begreift.

1

2

LIEG

1 Sobald der Hund den Befehl «Platz» richtig und ohne Zögern befolgt, knien Sie neben dem Hund nieder und halten den Happen so, daß er sich seitlich von seiner Nase befindet.

2 Wendet er den Kopf, um den Happen zu erreichen, bewegen Sie den Bissen nach hinten zum Hals, so daß der Hund den Kopf verdrehen muß; halten Sie den Bissen immer nahe am Körper des Hundes.

3 Wenn der Hund dem Happen folgt, sollte er sich auf die Seite rollen.

◆ Er muß dabei ganz entspannt sein; es ist von Vorteil, wenn er sich auf etwas Weiches legen kann. Üben Sie mit ihm, bis er versteht, was er zu tun hat. Schließlich sollte es Ihnen gelingen, ihn dazu zu veranlassen, sich direkt auf die Seite zu legen, ohne daß Sie ihn berühren, denn er folgt immer Ihrer Hand. Wenden Sie die gleichen Techniken wie bei «Sitz» und «Platz» an, um ihm den Befehl «Lieg» beizubringen.

1

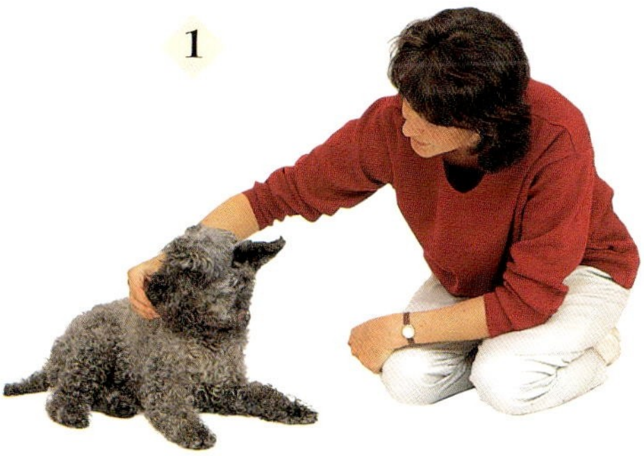

2

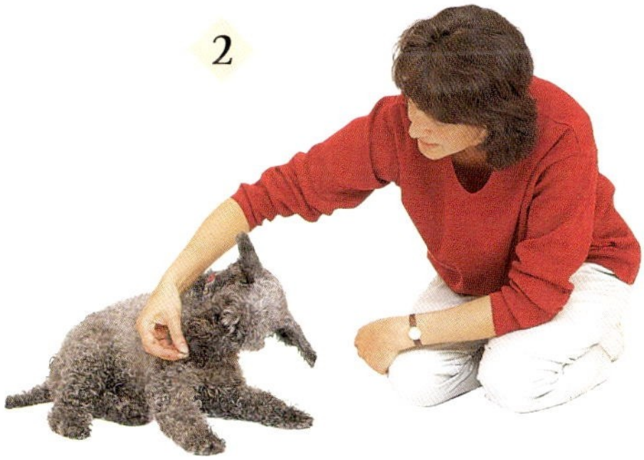

3

Bleib

In vielen Alltagssituationen ist es sehr nützlich, wenn Sie sich darauf verlassen können, daß Ihr Hund dort bleibt, wo Sie ihn hingebracht haben. Es ist relativ leicht, ihm das beizubringen, aber es dauert seine Zeit, bis er auch dann zuverlässig gehorcht, wenn er aufgeregt ist.

1 Lassen Sie Ihren Hund neben Ihnen die Sitz-Position einnehmen. Geben Sie ihm ein Handzeichen (es liegt nahe, die flache Hand für eine Sekunde vor ihn zu halten), und sagen Sie: «Bleib.» Bleiben Sie reglos neben ihm stehen, und loben Sie ihn, wenn er seine Position beibehält. Versuchen Sie, jede seiner Bewegungen vorauszuahnen; korrigieren Sie ihn mit Leine und Halsband, wenn er sich bewegen will. Erhebt er sich, so bringen Sie ihn an derselben Stelle wieder in Position, wiederholen Sie Befehl und Handzeichen, und loben Sie ihn wenig später, wenn er seine Stellung beibehält. Belohnen Sie ihn für sein Stillhalten, solange er in der Position verharrt. Entlassen Sie ihn schließlich mit einem weiteren Befehl, etwa mit «Fertig», und beachten Sie ihn nicht, wenn er sich wegbewegt. So lernt er, daß er für das Stillhalten belohnt wird und nicht für das Bewegen. Üben Sie dies häufig, und dehnen Sie die Zeitspanne,

1

2

Setzen Sie die Ausbildung an verschiedenen Orten mit unterschiedlichen Graden von Ablenkung fort, bis Sie eine zuverlässige Reaktion erreicht haben.

während der er still verharrt, allmählich immer weiter aus, bis er problemlos fünf Minuten lang sitzenbleibt.

2 Hält Ihr Hund still, während Sie neben ihm stehen, so gehen Sie dazu über, sich von ihm wegzubewegen, indem Sie sich einen kleinen Schritt weit von ihm entfernen. Korrigieren Sie ihn sofort, wenn er sich bewegt, und loben Sie ihn, wenn er stillhält. Entfernen Sie sich so bei weiteren Übungen immer mehr von ihm.

3

3 Bleibt der Hund ohne weiteres still sitzen, während Sie um ihn herumgehen, können Sie allmählich das Maß der Ablenkungen durch die Umgebung steigern. Schließlich können Sie auch die Bleib-Übung mit ihm durchführen, wenn er wirklich etwas anderes tun möchte.

NIEMAND IST VOLLKOMMEN

Wenn Sie viel mit ihm üben, wird mit der Zeit mehr Verlaß auf Ihren Hund sein. Sie können ihm aber nicht völlig vertrauen; lassen Sie ihn daher niemals in der Sitz-Position vor einem Laden, auf einer belebten Straße oder sonst irgendwo allein zurück, wo er in Gefahr geraten könnte.

7

KAPITEL SIEBEN

Wie man einen Hund zu Klugheit erzieht

Es bringt Vorteile mit sich, über die sich nur wenige Besitzer im klaren sind, wenn man seinen Hund lehrt, Dinge zu tun, die über die normale Ausbildungsroutine hinausgehen. Es verstärkt das Band zwischen Hund und Besitzer und schafft eine Beziehung, die auf Verständnis und Freundschaft basiert. Für Ihren Hund wird das Leben abwechslungsreicher und erfreulicher; und für Sie ist es von Vorteil, wenn Ihr Hund sich besser benimmt, nützlich und ein angenehmer Gefährte ist.

Haben Sie die grundlegenden Trainingsübungen erst einmal gemeistert, wird es ziemlich einfach für Sie sein, dem Hund das beizubringen, was nun folgt. Hunde – und auch Menschen – lernen bei häufiger Wiederholung besser; in dem Maß, in dem die Ausbildung des Hundes vorankommt und Ihre Geschicklichkeit, ihm etwas beizubringen, zunimmt, wird es Ihnen leichter fallen, dem Tier Neues zu vermitteln.

Wenn Sie Ihrem Hund die Grundlektionen beigebracht haben, können Sie dazu übergehen, ihn kreative Übungen und Spiele zu lehren, die das Leben für Sie und ihn abwechslungsreicher gestalten.

Das Apportieren

Diese Übung bildet die Grundlage, auf der viele Spiele und Kunststücke aufbauen; sie ist sehr wichtig, wenn Sie die Ausbildung Ihres Hundes fortsetzen wollen. Es gibt viele Möglichkeiten, das Apportieren zu lehren, und es hängt von der bisherigen Erfahrung des Hundes ab, welche davon für ihn geeignet ist. Hier wird eine grundlegende, einfach anzuwendende Methode geschildert. Bevor Sie damit beginnen, sollte Ihr Hund soweit sein, daß er sehr am Spiel mit Gegenständen interessiert ist (siehe Kapitel 4).

1 Wählen Sie einen ruhigen, vertrauten Platz, etwa den Garten, und eine Zeit, zu der Ihr Hund gern spielen möchte. Befestigen Sie eine lange, dünne Schnur am Halsband des Hundes. Eine Wäscheleine eignet sich bestens, da sie leicht ist und sich nicht schnell verheddert. Die Leine sollte hinter Ihrem Hund auf dem Boden nachschleifen (deshalb sollten Sie keine elastische Hundeleine verwenden).

2 Holen Sie sein Lieblingsspielzeug, schwenken Sie es vor ihm hin und her, und necken Sie ihn damit. Wenn er «in Fahrt» kommt und mitspielen möchte, werfen Sie das Spielzeug so, daß der Hund sehen kann, was damit geschieht, und daß es sich schnell bewegt und nicht zu weit von Ihnen entfernt landet.

Ermutigen Sie ihn dazu, zum Spielzeug hinzugehen und es aufzunehmen, wobei Sie ihm Ihr Signal für das Apportieren geben, indem Sie etwa lebhaft und enthusiastisch «Hol's!» rufen. Seien Sie unbeschwert, und versetzen Sie das Spielzeug erneut in Bewegung, wenn dies nötig ist, um den Hund zu begeistern.

3 Hält er das Spielzeug im Maul, so bewegen Sie sich nicht auf ihn zu. Es ist wahrscheinlicher, daß er zu Ihnen kommt, wenn Sie sich von ihm wegbewegen. Nehmen Sie das Ende der am Halsband befestigten Leine, und rufen Sie ihn. Kommt er nicht oder nur ein Stück weit und bleibt dann stehen, so ermuntern Sie ihn, näherzukommen, indem Sie leicht an der Leine rucken und rückwärts laufen. Loben Sie ihn begeistert, sobald er näherkommt. (Läßt er das Spielzeug in dieser Phase fallen, so fordern Sie ihn schnell dazu auf, es wieder zu «holen».)

4 Ist er in Ihrer Nähe, so strecken Sie nicht den Arm aus, um ihn oder das Spielzeug zu berühren, denn dann wird er Ihnen künftig ausweichen wollen, um das Spielzeug behalten zu können. Sie sollten ihn vielmehr loben und ihn auch streicheln, wenn er nahe genug ist. (Läßt er das Spielzeug jetzt fallen, so bringen Sie ihn dazu, es wieder zu packen, indem Sie es weiterschieben und sagen: «Hol's!»)

5 Hat er das Spielzeug einige Augenblicke lang gehalten, so strecken Sie ruhig den Arm aus, nehmen Sie ihm das Spielzeug ab, und wiederholen Sie die vorherigen Phasen. Ist Tauziehen das Lieblingsspiel Ihres Hundes, so ziehen Sie ein paar Minuten mit dem Hund am Spielzeug hin und her, und zwar als Belohnung dafür, daß er es Ihnen gebracht hat. Haben Sie Schwierigkeiten damit, Ihren Hund zum Loslassen des Spielzeugs zu bewegen, halten Sie es

mit einer Hand fest und reichen ihm mit der anderen einen schmackhaften Bissen oder ein anderes Spielzeug. Beginnt er loszulassen, geben Sie etwa das Signal «Gib!», damit Sie ihn mit der Zeit dazu bringen können, es auf Befehl zu tun.

◆ Trainieren Sie diese fünf Phasen öfters in kleinen Zeitabständen. Achten Sie darauf, daß die Übungen Spaß machen – bis Ihr Hund soweit ist, daß er mit dem Spielzeug gerne zu Ihnen kommt und es Ihnen sogar direkt bringt, damit Sie es erneut werfen oder mit ihm Tauziehen spielen können.

◆ Sobald das Apportieren mit Begeisterung erfolgt und der Hund Ihnen jedes Spielzeug zurückbringt, bringen Sie ihm bei, zu sitzen und zu warten, bis Sie es werfen. Fordern Sie ihn auf, das daliegende Spielzeug zu apportieren, sobald Sie das Signal «Hol's!» geben. Dazu packen Sie ihn am Halsband und halten ihn fest, wenn er sich zu früh erhebt. Bringen Sie ihn wieder in die Sitz-Position, bevor Sie ihn mit einem lebhaften «Hol's» freigeben.

Holen und tragen

Sobald Ihr Hund die Grundlagen des Apportierens beherrscht und gerne jedes Spielzeug herbeiholt, das Sie ihm zeigen, ist es an der Zeit, ihn zu lehren, auch andere Gegenstände zu holen. Präsentieren Sie einen neuen Gegenstand, so machen Sie ein fröhliches Apportierspiel daraus, denn Ihr Hund soll Freude daran haben, den Gegenstand zu packen und zu bringen. Beginnen Sie mit weichen Dingen, die leicht zu tragen sind, etwa mit einem Hausschuh, und arbeiten Sie sich zu härteren Objek-

ten vor, die schwieriger zu tragen sind. Manche Hunde fühlen sich abgestoßen, wenn sie Borsten oder Metall im Maul spüren; sparen Sie deshalb solche Gegenstände bis zuletzt auf. Holt Ihr Hund schließlich alles, was Sie ihm zeigen, folgt der nächste Schritt: Bringen Sie ihm bei, etwas für Sie zu tragen.

1 Fordern Sie Ihren Hund auf, den Gegenstand zu holen, und bewegen Sie sich von ihm weg, wenn er damit zu Ihnen kommt.

2 Ermutigen Sie ihn weiterhin, mit Ihnen zu kommen, und wenden Sie sich um, so daß er neben Ihnen läuft.

3 Machen Sie nach einigen Schritten viel Aufhebens um ihn, und belohnen Sie ihn gut. Läßt er den Gegenstand irgendwann fallen, so bringen Sie ihn dazu, ihn schnell wieder zu holen.

4 Fahren Sie mit der Übung fort, bis der Hund neben Ihnen herläuft und alles trägt, das zu holen Sie ihm befohlen haben.

NAMEN VON OBJEKTEN LEHREN

Hebt Ihr Hund auf Befehl jederzeit Gegenstände auf, können Sie ihm auch deren Namen beibringen. Beginnen Sie mit etwas Bekanntem, etwa seinem Lieblingsspielzeug. Verbinden Sie den Hol-Befehl mit dem Namen des Gegenstandes, und wiederholen Sie dies häufig. Führen Sie dann die gleiche Übung mit einem anderen Objekt durch, etwa mit einem Hausschuh.

Dann können Sie die beiden Gegenstände nebeneinanderlegen und den Hund auffordern,

Wenn Sie Ihrem Hund die Namen von Gegenständen beibringen, beginnen Sie am besten mit bekannten Objekten wie seinen Spielsachen, die er leicht identifizieren und ins Maul nehmen kann.

den zu bringen, den Sie wünschen. Bringt er den falschen, so schimpfen Sie nicht. Nehmen Sie ihm das Ding in Ruhe ab, und schicken Sie ihn mit dem gleichen Befehl wieder los. Bringt er den richtigen Gegenstand, so loben Sie den Hund überschwenglich und ausdauernd. Fahren Sie in derselben Weise fort, und er wird

DIE RICHTIGE REAKTION

Denken Sie daran, Ihren Hund jedesmal überschwenglich zu loben, wenn er die richtige Reaktion zeigt, und ignorieren Sie jedes unerwünschte Verhalten.

schnell die Namen der beiden Objekte lernen. Hat er sie begriffen, so können Sie die Liste der Namen, die er kennt, nach derselben Methode erweitern.

SUCH

Es ist nützlich, dem Hund beizubringen, Dinge zu suchen, die sich nicht im Blickfeld befinden, damit er versteckte Gegenstände aus anderen Zimmern holen und mit Suchspielen beschäftigt werden kann.

1 Halten Sie Ihren Hund am Halsband fest; werfen Sie sein Lieblingsspielzeug so weit, daß es außer Sicht landet, etwa in hohem Gras.

2 Warten Sie einige Augenblicke, bevor Sie ihn freilassen, um es zu suchen. Fordern Sie ihn auf: «Such», wenn er losgeht, um nach dem Gegenstand zu suchen.

3 Nach einigen Wiederholungen gehen Sie mit dem Hund ein Stück weit weg; drehen Sie ihn einige Male im Kreis, bevor Sie ihn losschicken. Findet er regelmäßig die Objekte, die er hat fallen sehen, so lassen Sie ihn eines suchen, das Sie im voraus deponiert haben. Zeigen Sie ihm den Bereich, in dem er suchen soll; legen Sie dort zunächst zwei oder drei große Objekte aus, damit er Erfolgserlebnisse hat.

Anmerkung: Üben Sie das mit ihm, bis er immer, wenn Sie «Such» sagen, losgeht und nach Gegenständen sucht. Steigern Sie die Schwierigkeit der Übung, bis er im Haus oder im Garten nach benannten Gegenständen sucht.

SICH NÜTZLICH MACHEN

Hat Ihr Hund einmal gelernt, Gegenstände zu tragen und benannte Objekte herbeizuholen, kann man ihm sinnvolle Aufgaben übertragen. Wenn Sie die Einkäufe hereinbringen, können Sie ihn beispielsweise dazu auffordern, die Büchsen mit dem Hundefutter hereinzutragen, oder ihn anweisen, die Hausschuhe, die Zeitung oder die Post zu holen oder den Kugelschreiber aufzuheben, den Sie fallengelassen haben. Die meisten Hunde finden es sehr befriedigend, eine Aufgabe zu haben, und wenn Sie nicht vergessen, Ihren Hund ausgiebig zu loben und ihn mit einem feinen Happen oder mit einem Spiel für die Hilfe zu belohnen, werden Sie durch diese Erfahrung bereichert sein.

Bote spielen

Hier soll der Hund zu einer namentlich genannten Person gehen, um eine Belohnung zu erhalten. An seinem Halsband können Botschaften befestigt werden, oder Sie können ihn ein Behältnis mit der Botschaft tragen lassen. Es kann viel Spaß machen, dieses Spiel mit Kindern und Hunden zu spielen.

Fordern Sie Ihren Hund dazu auf, neben Ihnen zu sitzen und dann zu einer namentlich genannten Person im selben Raum zu gehen, und zwar während Sie selbst aufstehen und sich auf diese Person zubewegen.

2 Geht der Hund auf sie zu, sollte sie ihn mit einem Leckerbissen näher heranlocken und ihn damit füttern, wenn er angekommen ist. Wiederholen Sie das möglichst oft, bis der Hund losrennt, sobald Sie es befehlen.

3 Wiederholen Sie die erste Phase, wenn sich die andere Person in einem Nachbarzimmer befindet. Sie muß Ihren Hund überschwenglich loben und ihm einen Leckerbissen reichen, wenn er bei ihr ankommt. Trainieren Sie weiter, bis Sie ihn losschicken können, um diese Person irgendwo im Haus zu suchen.

4 Wiederholen Sie die Phasen eins und zwei, aber nun mit einer anderen Person.

1

2

TRICKS LEHREN

Kunststücke sind leicht zu lehren und können dem Hund und den Zuschauern viel Freude machen. Bringen Sie ihm nichts Ordinäres oder Würdeloses bei. Kunststücke sollten zeigen, wie klug Ihr Hund ist und wie schön es ist, einen wohlerzogenen Hund zu haben.

Tricks, die natürliche Veranlagungen einbeziehen, lassen sich am leichtesten lehren. Terrier zum Beispiel benutzen gerne die Pfoten; deshalb kann man ihnen leicht Tricks beibringen, bei denen sie mit der Pfote auf etwas deuten. Retriever und andere Apportierhunde benutzen gerne das Maul und eignen sich für Kunststücke, bei denen Gegenstände zu halten sind. Lebhafte, bewegungsfreudige Hunde mögen Tricks, bei denen es ums Rennen oder Springen geht.

Sind die Grundelemente und die Übungen aus diesem Kapitel bewältigt, sollte es Ihnen nicht schwerfallen, Kunststücke zu lehren. Beginnen Sie mit einfachen Tricks; steigern Sie den Schwierigkeitsgrad allmählich. Unterteilen Sie komplizierte

Unterstützen Sie die Pfote leicht, statt sie festzuhalten, denn das könnte ihn dazu bewegen, sie wegzuziehen.

Belohnen Sie das erwünschte Verhalten sofort mit einem Leckerbissen.

Tricks immer in mehrere Phasen, und lehren Sie die letzte Phase zuerst. Auf diese Weise arbeitet der Hund, wenn Sie damit beginnen, eine frühere Phase zu lehren, auf einen Teil des Tricks hin, den er bereits kennt und der für ihn nicht schwierig ist.

Seien Sie erfinderisch

Wie Kinder langweilen sich auch Hunde, wenn sie mit Routineabläufen beschäftigt sind. Um Ihren Hund zu Höchstleistungen anzuspornen, müssen Sie bei Spielen erfinderisch sein, die Aufgaben variieren, die Sie ihm stellen, und möglichst oft bei den Belohnungen abwechseln. Wenn Sie so vorgehen, bleibt der Hund interessiert und willig, Ihnen zu Gefallen zu sein, und auch Sie werden mehr Freude haben.

Anregungen für Kunststücke

Sie können sich selbst alles Mögliche einfallen lassen, was die Tricks anbelangt, oder einen aus der folgenden Liste aussuchen.

- **Guten Tag!** Pfötchen geben.
- **Sag mir, welcher!** Mit der Pfote auf den einzigen Topf deuten, unter dem ein Happen

«Sag mit, welcher es ist.» Indem er seine empfindliche Nase einsetzt, entdeckt dieser Hund, unter welchem Topf sich das Spielzeug befindet. Er zeigt dies seinem Besitzer an, indem er den Topf mit der Pfote berührt.

WENN DIE DINGE SCHWIERIG WERDEN

Falls Sie Schwierigkeiten haben, Ihrem Hund einen Teil des Kunststücks beizubringen, schreiben Sie am besten auf, was Sie gern erreichen würden, und schauen Sie, ob sich der Prozeß in kleinere Teile gliedern läßt. Dies trägt oft zur Klärung bei. Versuchen Sie, die Übung einem Menschen beizubringen, und zwar ohne Worte, und fragen Sie ihn, was am verwirrendsten war. Selbstverständlich hängt seine Antwort von seiner eigenen Auffassungsgabe ab, ebenso von der Art des Kunststücks, das Sie vermitteln wollen.

Es kann leicht passieren, daß Sie böse auf den Hund sind, wenn er nicht versteht, was Sie wollen. Beenden Sie die Sitzung daher, sobald Sie beginnen, sich frustriert zu fühlen, und denken Sie darüber nach, was wohl falsch lief. Versuchen Sie es später noch einmal, wenn Sie beide wieder frisch sind, und tun Sie es auf andere Art. Denken Sie daran, daß das Lehren und Ausführen von Kunststücken Ihnen beiden Spaß machen sollte.

oder ein Spielzeug liegt, nachdem verschiedene Töpfe hin- und hergeschoben wurden.

◆ **Bitte hier drücken!** Auf ein Pedal treten, um einen Leckerbissen zu bekommen.

◆ **Abfall!** Einen Gegenstand in ein Behältnis legen – zum Beispiel ein Schokoriegelpapier in den Papierkorb.

◆ **Hopp!** Durch einen Reifen springen.

◆ **Tanz mit mir!** Zwischen Ihren Beinen hindurchlaufen, während Sie gehen.

◆ **Hinüber!** Einen kleinen Sprung vollführen.

◆ **Finde die Königin!** Mit der Pfote auf eine bestimmte Spielkarte zeigen.

◆ **Gib Laut!** Auf Befehl einmal bellen.

◆ **Pssst!** Auf Befehl stillsein.

◆ **Kalt hier drinnen!** Die Tür schließen.

◆ **Hatschi!** Ein Taschentuch aus einer Tasche ziehen und es dem Besitzer geben.

«Hinüber!» Bringen Sie Ihrem Hund das Springen bei, aber nicht, bevor er 18 Monate alt ist.

WETTKÄMPFE

Sind Sie ein ehrgeiziger Typ oder wollen Sie der Welt zeigen, wie klug und wie gut ausgebildet Ihr Hund ist, so möchten Sie vielleicht gern an einem Wettbewerb teilnehmen. Es gibt verschiedene Veranstaltungen.

AGILITY-WETTBEWERB

Hunde lernen, einen Parcours mit Tunnels, Reifen, Hochsprung, Weitsprung, Balancieren und Hindernissen zu bewältigen. Die Hunde durchlaufen eine Bahn, und die Zeit wird – wie beim Springreiten – gestoppt. Der Hundeführer läuft den Parcours ab und dirigiert das Tier. Hunde treten gegeneinander an; es geht um die schnellste Zeit mit den wenigsten Fehlern.

ARBEITSPRÜFUNG

Die Hunde lernen, dem Weg zu folgen, den ein Mensch einige Stunden zuvor gegangen ist, oder nach versteckten Gegenständen zu suchen, von einer zwei Meter hohen Leiter zu

Beim Agility-Training wird oft ein Reifen aufgehängt, durch den die Hunde springen sollen.

Viele Hunde mögen das Agility-Training; dieser Hund läuft zwischen Stäben Slalom.

springen, über ein Hindernis von einem Meter Höhe zu setzen, weitzuspringen, zu apportieren und Befehle zu befolgen; sie werden an einen vom Hundeführer bestimmten Ort geschickt. Es gibt verschiedene Leistungsklassen, und es herrscht eine freundliche Atmosphäre.

Gehorsamkeitsprüfung

Hunde lernen, auf Befehle wie «Fuß», «Sitz», «Platz», «Lieg» und «Bleib» zu reagieren, ein geruchsmarkiertes Tuch aus geruchsneutralen herauszufinden und zu apportieren, und sie werden an bestimmte Orte geschickt. Präzision ist wichtig, weil die Hundeführer um Punkte wetteifern, die verlorengehen, wenn Positionen nicht exakt eingenommen werden.

Flugball

Die Hunde lernen, auf einer Bahn mit Hindernissen, die zu überspringen sind, zu einer Kiste zu rennen und dort auf ein Pedal zu treten, das einen Ball freigibt, den sie den Hundeführern apportieren. Hunde-Teams laufen dabei miteinander um die Wette; die schnellsten haben gewonnen.

8

KAPITEL ACHT

PROBLEMATISCHES VERHALTEN

Viele Verhaltensprobleme bessern sich oder verschwinden völlig, wenn die Beziehung zwischen Besitzer und Hund verbessert wird, die Grundbedürfnisse des Hundes befriedigt sind und die Erziehung richtig durchgeführt wird. Es ist hier nicht der Platz, detailliert auf alle Verhaltensprobleme und Möglichkeiten zu deren Lösung einzugehen, aber es werden einige Ratschläge gegeben, die als Ausgangspunkt dienen können.

Versuchen Sie stets, auf Strafen zu verzichten

Schlechtes Verhalten kann für die Besitzer sehr frustrierend sein, und die Versuchung ist dann groß, zu Drohungen und Gewaltanwendung zu greifen, um überhaupt etwas zu erreichen.

AGGRESSIVE HUNDE

Ist Ihr Hund aggressiv, so ziehen Sie am besten einen Tierpsychologen zu Rate. Fragen Sie Ihren Tierarzt, ob er Ihnen einen Experten empfehlen kann. Sie können sich aber auch an eine der auf Seite 126 genannten Adressen wenden.

Problematisches Jagdverhalten kommt bei den Schäferhundrassen häufig vor. Dieses Verhalten muß mit Hilfe geeigneter Spiele in akzeptable Bahnen gelenkt werden.

Allerdings führen Strafmaßnahmen nur selten zum Ziel; vielmehr beeinträchtigen sie die Beziehung zwischen Tier und Mensch und verursachen Folgeprobleme. Benimmt sich Ihr Hund oft daneben, so versuchen Sie eine Lösung zu finden, die ohne Bestrafung auskommt. Gelingt Ihnen dies nicht, so bitten Sie einen guten Tierpsychologen um fachmännische Hilfe.

Schlechte Manieren und Widerspenstigkeit

Bringen Sie dem Hund gute Manieren auf die gleiche Art bei, wie Sie andere Übungen durchführen. Zeigen Sie ihm, was er tun soll, loben und belohnen Sie gutes Verhalten, und lehren Sie ihn einen Befehl für die geforderte Aktion. Da unerwünschtes Verhalten oft selbst eine Belohnung darstellt, müssen Sie es verhindern und dem Tier beibringen, wie lohnend ordentliches Benehmen sein kann. Setzen Sie, bis er gute Manieren gelernt hat, sanften körperlichen Zwang ein, um zu verhindern, daß er sich selbst durch ungebührliches Verhalten belohnt. Üben Sie mit Halsband und Leine sanfte Gewalt aus, oder entfernen Sie vorübergehend die Verlockung, die das schlechte Benehmen auslöst. Dann können Sie den Hund dazu bringen, sich so zu benehmen, daß er belohnt werden kann. Mit der Zeit wird er sich angewöhnen, sich so zu verhalten, wie Sie es wünschen, und seine schlechten Manieren vergessen.

An Menschen hochspringen

Springt Ihr Hund, etwa zur Begrüßung, an Ihnen hoch, so tut er es, weil er näher an Ihrem Gesicht sein will. Gehen Sie in die Hocke, wenn Sie Ihren Hund begrüßen; so kommt er Ihnen näher und verspürt weniger den Drang, an Ihnen hochzuspringen.

Sie können ihn aber auch am Halsband festhalten und ihm den Befehl «Sitz» geben (das funktioniert aber nur, wenn er diesen Befehl

Das Hochspringen an Menschen ist eine lästige Angewohnheit, die sich mit geeigneten Maßnahmen leicht beheben läßt.

bereits kennt). Hat er einmal verstanden, daß Sie sich, sobald er sitzt, niederkauern und ihm Ihre ungeteilte Aufmerksamkeit widmen, wird er Ihrer Aufforderung sehr gern folgen. Da das Hochspringen in sich bereits eine Belohnung ist, führt es zu nichts, wenn Sie sein Verhalten ignorieren, wenn es Ihnen nicht gelingt, ihm den Rücken zuzuwenden und ihn weder zu berühren noch anzusprechen oder anzusehen, bis sich seine vier Pfoten wieder auf dem Boden befinden.

Springt Ihr Hund an Besuchern hoch oder benimmt er sich daneben, so bedenken Sie, wie er Sie begrüßt und wie er sich bei Ihnen benimmt. Zeigt er gute Manieren, wenn er mit Ihnen allein ist, wird er sich wahrscheinlich auch gut benehmen, wenn Fremde anwesend sind.

Ist Ihr Hund ungebärdig und schwer unter Kontrolle zu halten, so nehmen Sie mit ihm die in Kapitel 6 beschriebenen Übungen durch, um ihn besser im Zaum zu halten. Überlegen Sie auch, ob er genug Auslauf bekommt, denn ein Hund, der an Bewegungsmangel leidet, ist oft ungestüm und ein schwieriger Hausgenosse. Es könnte auch ratsam sein, die bei Ihnen geltende Hierarchie zu überprüfen (siehe Kapitel 3), denn ungebärdige Hunde schätzen ihren Status vielleicht zu hoch ein und müssen auf einen niedrigeren Rang zurückgestuft werden.

Furcht und Scheu

Tiere fürchten sich oft vor Dingen, die ihnen unbekannt sind, vor allem wenn sich diese Dinge bewegen und Lärm machen. Diese Veranlagung dient der Sicherheit wildlebender Tiere, und sie wurde mit der genetischen Information an unsere heutigen Haushunde vererbt. In der Folge haben Hunde oft Angst vor Fremden, anderen Hunden, Kindern, Objekten auf Rädern, Geräuschen oder einer Vielzahl anderer Dinge. Dies gilt vor allem, wenn Ihr Hund als Welpe nicht gut sozialisiert wurde (siehe Seite 21) oder nicht genügend Erfahrungen sammeln konnte, um sich an die Welt zu gewöhnen, in die er später entlassen wurde. Solche Hunde sind meist überängstlich und bedrückt, wenn sie sich in «der Welt da draußen» aufhalten müssen oder Fremde zu Besuch kommen.

Hunde haben mitunter auch vor bestimmten Menschen, Tieren oder Erlebnissen Angst, weil sie durch diese früher einmal erschreckt oder verletzt wurden. Daher fürchten sie sich oft vor anderen Hunden, Fremden oder sogar

KEIN GRUND ZUR SCHAM

Verhaltensprobleme kommen häufig vor, und die meisten Hunde zeigen immer wieder unerwünschte Verhaltensweisen. Ein Hund liebt Dinge, die der Mensch ablehnt: Er frißt gern Fäkalien, wälzt sich in übelriechenden Substanzen und beschnüffelt die Lenden oder bespringt die Beine von Besuchern. Hat Ihr Hund peinliche oder lästige Angewohnheiten, so sind Sie mit diesem Problem wahrscheinlich nicht allein. Schlechtes Benehmen bei Hunden ist weiter verbreitet, als Sie meinen.

Haltern, die vielleicht übermächtig oder gewalttätig waren. Es bedarf nur einer oder zwei unliebsamer Begegnungen, und schon ist die Furcht verwurzelt. Hält sie eine Weile an, kann sie zu einer allgemeinen Phobie führen, so daß sich der Hund vor allen anderen Hunden oder vor allen Menschen fürchtet. Oft hat der Besitzer – wenn der Hund sensibel und das ihn ängstigende Ding etwas Alltägliches ist, etwa eine Person oder ein anderer Hund – keine Ahnung, daß sein Welpe durch eine entsprechende Erfahrung verschreckt wurde, denn er kann seine Körpersprache nicht deuten (siehe Seite 33). Erst später, wenn der Welpe etwas mehr Selbstsicherheit besitzt, etwa im Alter von acht Monaten, wird das Problem bemerkt. Dann zeigt sich vielleicht etwas Aggression, wenn auch nur in Form eines Bellens oder Knurrens bei dem Versuch, das furchteinflößende Etwas fernzuhalten.

Wo auch immer der Grund für die Angst liegen mag: es ist wichtig, daß Sie Ihren Hund niemals zu einer Begegnung mit dem zwingen, wovor er Angst hat. Tun Sie es doch, so lernt er wahrscheinlich, aggressiv zu sein, um entweder das, was ihn ängstigt, fernzuhalten oder um Sie daran zu hindern, ihm weiterhin Angst einzuflößen.

◆ Knurrt, bellt oder schnappt Ihr Hund, so zeigt dies, daß er sich in der Situation nicht

Ein scheuer Hund muß genug Zeit haben, die Dinge auf seine Weise zu tun, damit er seine Furcht allmählich überwinden kann.

wohlfühlt und er es Ihnen nicht anders mitteilen kann. Statt ihn zu strafen – was meist die «natürliche» Reaktion ist – versuchen Sie zu verstehen, daß ihm kaum etwas anderes übrigbleibt, um sich aus einer Lage zu befreien, die er für bedrohlich hält; bringen Sie ihn von dem weg, was ihn in Schrecken versetzt.

Ein guter Rudelführer sollte sein Rudel beschützen; sieht Ihr Hund, daß Sie diese Aufgabe übernehmen, wird er sich wahrscheinlich beim nächsten Mal auf Sie verlassen, statt sich selbst dem Problem zu stellen. Es ist an Ihnen, seine Körpersprache zu deuten und vorauszuahnen, was ihm Angst einflößt, damit Sie ihn aus den Schwierigkeiten heraushalten können. Eine Strafe fürs Knurren verhindert vielleicht, daß er es wieder tut, aber sie nimmt ihm nicht die Angst. Statt dessen hat er die einzige Möglichkeit verloren, Ihnen mitzuteilen, daß er verstört ist, und es kann sein, daß er ohne Warnung zubeißt, wenn die Angst übermächtig wird.

- Die Angst des Hundes kann allmählich überwunden werden, indem Sie eine Begegnung mit dem arrangieren, wovor er sich fürchtet, aber zunächst auf sanfte Weise, das heißt, Sie sollten einen gewissen Abstand zwischen ihm und dem, was ihm Angst einflößt, schaffen.
- Setzen Sie Spiele oder Leckerbissen ein, damit er unbeschwert bleibt, und seien Sie selbst fröhlich und vergnügt, nicht mitleidig oder ärgerlich. Kommt der Hund zurecht, nähern Sie sich der Sache immer mehr. Drängen Sie ihn nicht, und kehren Sie zu einer früheren Stufe zurück, falls er Unruhe oder Angst zeigt. So wird er unempfindlich gegen das, wovor er Angst hatte. Leiten Sie ihn zu Spielen mit Gegenständen an oder geben Sie ihm Leckerbissen; so können Sie ihn ablenken und ihm zu mehr Unbeschwertheit verhelfen.
- Hat Ihr Hund etwa Angst davor, auf dem Gehsteig, in Nähe des Verkehrslärms, zu laufen, und will er jedesmal davonstürmen, wenn ein Lastwagen vorbeifährt, so führen Sie ihn auf ein offenes Gelände, in einiger Entfernung von der Straße gelegen, doch so, daß er den geräuschvollen Verkehr sehen und hören kann. Entspannen Sie sich, und lassen Sie ihm Zeit, sich an die Umgebung zu gewöhnen. Ist er trotzdem unruhig, gehen Sie weiter weg, bis ihm behaglicher zumute ist. Bleiben Sie stehen, aber geben Sie ihm soviel Freiheit wie möglich, indem Sie eine lange Schnur oder eine elastische Hundeleine benutzen. Hat er sich beruhigt, so spielen Sie mit ihm und bieten Sie ihm feine Happen an. Tollen Sie mit ihm herum. Bringen Sie ihn soweit, daß er mit dem Schwanz wedelt und sich seines Lebens freut. Gehen Sie einige Schritte in Richtung der Straße, warten Sie, bis er sich wieder entspannt, und spielen Sie wieder. Beenden Sie die Sitzung, solange er Freude hat, und kehren Sie dann nach Hause zurück – nach Möglichkeit, ohne sich in die Nähe verkehrsreicher Straßen zu begeben.

Nach vielen, über mehrere Wochen verteilten Sitzungen sollten Sie feststellen können, daß sich die Einstellung Ihres Hundes zum Verkehr bessert. Schließlich sollte Ihr Hund in der Lage sein, ohne Unbehagen auf dem Gehsteig neben der Straße zu laufen. Vielleicht bemerken Sie, wenn Sie diese Methode angewendet haben, daß sich Ihr Hund zu Ihnen umdreht und Sie anschaut, weil er ein Spiel oder einen kleinen Happen erwartet, wenn ein besonders großer, lärmender Lastwagen vorbeifährt. Das ist normal; spielen Sie mit ihm oder geben Sie ihm den Leckerbissen, so bekräftigen Sie die Botschaft, daß kein Grund zur Sorge besteht.

◆ Erwarten Sie keine zu schnellen Fortschritte. Es dauert lange, Ängste zu überwinden und sie mit einer entspannten Einstellung zu ersetzen. Stellen Sie sich das vor, wovor Sie am meisten Angst haben (zum Beispiel Spinnen, Schlangen, Sprechen in der Öffentlichkeit), und überlegen Sie, wie lange Sie brauchen würden, um Ihre Angst zu überwinden. Gehen Sie langsam vor, lassen Sie Ihren Hund die Dinge in einem Tempo angehen, das er gut verkraften kann, und mit der Zeit werden Sie sicher eine Besserung in seinem Verhalten feststellen können.

Probleme mit dem Alleinsein

Hunde können Gegenstände zerstören, Lärm machen oder das Haus beschmutzen, wenn sie alleingelassen werden, ohne daran gewöhnt zu sein. Wenn Ihr alleingelassener Hund am Mobiliar nagt, bellt, jault oder unreinlich ist, muß man den Grund kennen, um Abhilfe schaffen zu können. Es gibt viele Gründe für Probleme, die mit der Isolation zusammenhängen, aber sie lassen sich klar in drei Gruppen einteilen:

- ◆ Langeweile/Neugier beim jungen Hund,
- ◆ Probleme durch Angst oder Unsicherheit,
- ◆ übergroße Anhänglichkeit.

Langeweile

Gelangweilte Hunde kauen oft auf Objekten herum oder bellen bei der geringsten Störung, einfach um etwas zu tun zu haben. Junghunde im Alter von sechs bis zwölf Monaten nagen oft Dinge an, wenn sie ihre Umgebung erkunden. Die Lösung für solche Probleme besteht darin, den Hund körperlich und mental müde zu machen, bevor Sie fortgehen. Ein müder Hund schläft normalerweise, statt sich daneben zu benehmen. Lassen Sie ihm darüber hinaus etwas Schmackhaftes zurück, an dem er zu beißen hat, und auch interessante Gegenstände, die er schadlos «untersuchen» kann.

Angst und Unsicherheit

Hunde, die sich fürchten, werden oft mit ihrer Angst fertig, solange Sie als Beschützer da sind, werden aber sehr unruhig, sobald Sie fortgehen. Ängstliche Hunde kauen häufig an Gegenständen, die den Geruch des Besitzers tragen, graben eine Höhle in eine Matratze, einen Sessel oder unter dem Tisch und setzen Kot oder Urin ab, wenn sie in Panik geraten. Man muß ihnen die Angst vor dem nehmen, was sie in Schrecken versetzt. Es kann helfen, Kleidungsstücke mit dem Geruch des Besitzers im Haus zu deponieren und einen höhlenartigen Platz an einem dunklen, sicheren Ort einzurichten.

Zu grosse Anhänglichkeit

Hunde, die sehr an ihrem Besitzer hängen oder nicht ans Alleinsein gewöhnt wurden, versuchen möglicherweise wie rasend, aus dem Haus zukommen, wenn sie allein zurückgelassen werden, und sie zerstören dabei Türen und Türrahmen; auch bellen und jaulen sie, um die Aufmerksamkeit ihres Besitzers auf sich zu lenken. Solchen Hunden muß man beibringen, die

Ein mit Leckerbissen gefüllter Würfel sorgt für Spannung und beschäftigt einen aktiven Hund; das kann helfen, Probleme zu vermeiden, die durch Langeweile hervorgerufen werden, wenn ein Hund sich selbst überlassen ist.

Einsamkeit zu ertragen, indem man sie allmählich immer länger alleinläßt; man beginnt dabei mit sehr kurzen Zeitspannen.

Probleme mit dem Autofahren

Die meisten Probleme, die mit dem Autofahren zusammenhängen, bestehen in heftigem Bellen oder hektischer Aktivität, sobald sich das Auto bewegt. Auch hier liegt die Lösung darin, die Ursache festzustellen. Besitzer neigen oft dazu, den Hund für das Bellen im Auto zu bestrafen. Dies führt selten zum Erfolg, denn es ist ein Versuch, das Symptom zu behandeln, statt die zugrundeliegende Ursache zu ermitteln. Beseitigt man nicht den Auslöser für das Verhalten, wird der Hund weiterhin tun, was er will, und für den Besitzer wird es schwierig sein, ihn davon abzuhalten. Es ist also sehr wichtig herauszufinden, warum der Hund sich so benimmt. Dann kann man versuchen, auf die Motivation, die dem Verhalten zugrunde liegt, einzuwirken; dieses Vorgehen verspricht viel mehr Erfolg.

◆ Hunde benehmen sich im Auto mitunter schlecht, weil sie die Aussicht auf einen Spaziergang aufregt. Hunde, die deshalb bellen, steigen oft nur in Erwartung des spannenden Spaziergangs ins Auto. Die Verknüpfung von Autofahrt und Spaziergang ist schnell vollzogen, und der Hund beginnt, in der Vorfreude auf Auslauf und Spiel vor Aufregung zu bellen. Es kann helfen, im Garten ausgiebig zu spielen, um den Hund zu ermüden, bevor Sie ihn ins Auto setzen, oder ihn auf Fahrten mitzunehmen, die nicht mit einem Spaziergang enden. Darüber hinaus ist es ratsam, am Ende jeder Autofahrt mindestens fünf Minuten zu warten – oder bis er sich wieder beruhigt hat, so daß das Ende der Autofahrt mit langweiligem Warten verbunden ist und nicht mit ausgelassenem Herumtollen. Nehmen Sie sich etwas mit, das Sie während der Wartezeit lesen können; wenn Sie aussteigen, sollten Sie den Hund für eine Weile an die Leine nehmen oder einige ruhige Übungen an der Leine durchführen, bevor Sie ihn schließlich frei laufen lassen.

◆ Hunde benehmen sich auch deshalb im Auto schlecht, weil sie vor der Bewegung Angst haben (so wie wir in der Achterbahn kreischen!). Solche Hunde sitzen oft ganz behaglich in einem stehenden Auto, werden aber nervös, sobald es sich bewegt. Manche sabbern oder übergeben sich, während andere aktiv werden und herumspringen oder bellen, um ihre Spannung abzubauen. Oft beruhigen sich die Hunde während langer Fahrten auf geraden Strecken,

Hunde, die sich gut benehmen, werden in der Regel häufiger ausgeführt.

besonders auf Autobahnen, werden aber wieder nervös, sobald es um Kurven geht. Solche Hunde muß man allmählich desensibilisieren, damit sie das Sitzen im Auto und dessen Bewegungen besser vertragen.

In extremen Fällen müssen Sie dem Hund helfen, seine Angst vor dem Einsteigen ins Auto zu überwinden. Diesen Prozeß können Sie mit Hilfe von Spielzeugen und Leckerbissen beschleunigen. Vermitteln Sie ihm zunächst ein behagliches Gefühl, wenn er im stehenden Auto sitzt. Nehmen Sie ihn dann auf sehr kurze Fahrten mit (etwa ein paar hundert Meter), und steigern Sie dann langsam die Entfernungen. Beenden Sie die Fahrten immer mit etwas Erfreulichem, etwa einem Spaziergang oder einem feinen Happen.

Auf dem Boden vor dem Beifahrersitz kann sich der Hund besser entspannen. Vielleicht müssen Sie ihn anfänglich anbinden, um sicher zu sein, daß er nicht zu Ihnen hinüberklettert und Sie beim Fahren stört.

◆ Hunde, die gerne jagen, werden im Auto oft richtig wild, wenn sie sehen, wie sich Gegenstände schnell an ihnen vorbeibewegen. Solche Hunde richten den Blick oft auf etwas, das sich nähert, etwa einen Baum oder eine Person, und werfen sich dann herum, wenn es sich vorbeibewegt. Da der Hund daran gehindert ist, das Objekt zu verfolgen, bellt er oft vor Enttäuschung oder geht sogar so weit, Stücke aus den Sitzpolstern zu reißen. Ein Tier, das so etwas tut, muß im Auto so untergebracht werden, daß es nicht aus dem Fenster schauen kann. Dies erreicht man, indem man ihm beibringt, sich im Fußraum vor dem Beifahrersitz niederzulegen, oder indem man einen Transportkäfig verwendet, der teilweise abgedeckt ist, so daß der Hund nicht hinausschauen kann.

◆ Hunde, die ihren Besitzer während der Fahrt anbellen, weil sie Aufmerksamkeit wollen, tun dies oft auch zu Hause. Bellt Ihr Hund im Auto und sieht Sie dabei direkt an und verlangt er auch zu Hause nach Ihrer Aufmerksamkeit, müssen Sie zuerst sein Benehmen im Haus ändern, bevor Sie sein Verhalten während des Autofahrens angehen können.

Probleme mit anderen Hunden

Suchen Sie nach Lösungen für Probleme, die mit aggressivem Verhalten gegenüber anderen Hunden zu tun haben, sollten Sie sich an einen guten Tierpsychologen wenden. Falls Ihr Hund jedoch nur bellt und aufgeregt ist, wenn er einen anderen Hund sieht, können Sie seine Aufmerksamkeit vielleicht mehr auf sich konzentrieren. Die meisten Hunde bellen und stürmen vor, wenn sie sich vor anderen Hunden fürchten; sie haben gelernt, daß dieses Verhalten den anderen Hund vertreibt. Auch hält der Besitzer sie oft zurück, so daß der Abstand zwischen ihnen und dem Hund, vor dem sie Angst haben, größer und die Bedrohung somit kleiner wird. Manche Hunde, die sich so verhalten, fühlen sich besser, wenn sie nicht angeleint sind, weil sie dann weglaufen oder anderen Hunden aus dem Weg gehen können. Oft haben sie gelernt, sich nur dann daneben zu benehmen, wenn sie an ihren Besitzer gefesselt sind und nicht weglaufen können.

Mit dem Aufkommen von Sozialisierungskursen für Welpen hat die Zahl der Hunde zugenommen, die es gelernt haben, das Spielen mit anderen Hunden zu genießen, und vehe-

Hunde können sich besser ausleben, wenn sie nicht an der Leine sind, und Begegnungen zwischen geselligen Hunden enden oft in vergnüglichem Spiel.

ment versuchen, zu ihnen zu kommen, wenn sie ihnen unterwegs auf einem Spaziergang begegnen. Hunde, die zwar häufig mit anderen Hunden, aber niemals mit ihrem Besitzer spielen durften, sind oft sehr enttäuscht, wenn ihre Freiheit durch ein Leine eingeschränkt wird. Diese Frustration kann zu aggressivem Verhalten führen, und oft ist es schwierig, den Unterschied zwischen diesem Verhalten und Angstreaktionen zu erkennen.

Erleben Sie Probleme, die mit Bellen oder Erregung Ihres Hundes in Gegenwart anderer Hunde zu tun haben (falls sie schlimm sind, ziehen Sie einen Fachmann zu Rate), so sollte es Ihnen gelingen, sein Verhalten zu verbessern, indem Sie seine Aufmerksamkeit mehr

Gut sozialisierte Hunde treffen sich gern mit anderen Hunden, aber nicht alle freuen sich über dieses Interesse.

auf sich lenken. Suchen Sie ein freies Gelände, auf dem in einiger Entfernung Hunde spielen. Lassen Sie Ihrem Hund Zeit, sich zu beruhigen; fordern Sie ihn dann dazu auf, zu spielen oder Leckerbissen von Ihnen zu nehmen. Benutzen Sie, was auch immer ihn am meisten motiviert, und loben und belohnen Sie ihn reichlich, wenn er sich für kurze Zeit auf Sie konzentriert. Ist seine Aufmerksamkeit mehr auf die anderen Hunde gerichtet, warten Sie, bis ihn das Beobachten der Hunde langweilt, und versuchen Sie es erneut. (Dauert es sehr lange, bis sein Interesse an den Hunden nachläßt, vergrößern Sie den Abstand zu ihnen.)

Haben Sie einen Freund mit einem Hund, den Ihr Hund kennt und gern hat, können Sie dieses Vorgehen üben, während der Hund in einem großen Kreis um Sie herumgeführt wird.

Allmählich, mit der Zeit und nach vielen Übungssitzungen, gehen Sie näher an die spielenden Hunde heran, bis Sie die Aufmerksamkeit Ihres Hundes auf sich konzentriert halten können, selbst wenn der andere Hund ganz nah ist. Verwenden Sie Spielzeug oder Futterhappen auf diese Weise, so können Sie Ihren Hund bei engen Platzverhältnissen, etwa auf einem Gehsteig, an anderen vorbeimanövrieren, und es trägt dazu bei, einer Verschlimmerung des Problems vorzubeugen. Während Sie an der Problemlösung arbeiten, sollten Sie enge Kontakte mit anderen Hunden vermeiden – um Fortschritte nicht aufs Spiel zu setzen und auch, damit es nicht zu lange dauert, bis sich Erfolge einstellen.

Jagen

Hunde, die etwas jagen, das sie nicht jagen sollten, haben entweder Spaß daran oder wollen Sachen, Tiere oder Menschen verjagen.

Die Freude von Hunden, die gerne jagen, besonders von solchen, die zu Schäferhundrassen gehören, muß durch geeignete Spiele (mit jagbaren Gegenständen) in akzeptable Bahnen gelenkt werden. Hunde, die versuchen, etwas davonzujagen, weil es ihnen Angst einflößt, müssen lernen, daß dieses Etwas nicht gefährlich ist.

Übermässiges Bellen

Bellen ist für Hunde etwas Normales; kommt es aber zu oft vor und hält es zu lange an, wird es zu einem Problem. Auch hier ist es äußerst wichtig, die Ursache herauszufinden.

◆ Hunde bellen oft, um die übrigen Tiere des Rudels vor einem Angreifer zu warnen. Dieses Verhalten ist akzeptabel, falls es nicht zu lange anhält. Wenn Sie eine Ablenkung in Form eines kleinen Spiels oder eines Happens bereithalten, wird Ihr Hund lernen, in einem solchen Fall zu Ihnen zu laufen. Dies ist eine gute Methode, seine Aufmerksamkeit von dem abzulenken, was ihn beunruhigt, und sie auf die Belohnung zu fixieren; das hilft ihm, sich zu beruhigen.

◆ Ihr Hund hat vielleicht gelernt zu bellen, wenn er Aufmerksamkeit wünscht. Sagen Sie irgend etwas zu ihm, auch wenn Sie sich über ihn ärgern, so wird er wahrscheinlich beim nächsten Mal wieder bellen. Die einzige Möglichkeit, dies zu unterbinden, besteht darin, daß Sie es sich zur Regel machen, ihn niemals wieder anzusehen, anzusprechen oder zu berühren, wenn er bellt. Es mag eine Weile dauern, bis es gelingt, und bevor eine Besserung eintritt, verschlimmert es sich – aber am Ende wird sich der Erfolg sicher einstellen.

◆ Hat Ihr Hund gelernt, auf Befehl «Laut zu geben» oder «still zu sein», hilft es ihm zu verstehen, was Sie meinen, wenn Sie ihn auffordern, mit dem Bellen aufzuhören.

Wenn Sie Ihrem Hund beibringen, auf Befehl «zu sprechen» und «still zu sein», versteht er vielleicht besser, was Sie meinen, wenn Sie ihn auffordern, mit dem Bellen aufzuhören.

Nützliche Informationen und Adressen

Wo Sie weitere Hilfe bekommen können

Sind die Probleme Ihres Hundes ernster Natur, sollten Sie sich Rat holen. Es gibt zwar viele «Experten» in der Hundewelt, aber nur wenige Menschen verfügen über ein tieferes Verständnis, das es ihnen erlaubt, alle Aspekte eines spezifischen Problems zu beleuchten und die richtige Lösung zu finden. Seien Sie vorsichtig, wenn Sie an jemanden geraten, der behauptet, «alles über Hunde» zu wissen, oder der Techniken anwendet, die Bestrafungen oder unerfreuliche Maßnahmen einschließen. Versuchen Sie, jemanden zu finden, der sich anhand der aktuellen wissenschaftlichen Literatur zum Thema auf dem Laufenden hält, der belesen und mit den neuesten Ansätzen vertraut ist. Eine solche Person muß in vielen Jahren der Arbeit mit Hunden die nötige Erfahrung gesammelt haben und darf nur erprobte, humane Methoden anwenden. Eine persönliche Empfehlung von jemandem, der die betreffende Methode ausprobiert hat, oder eine Überweisung durch den Tierarzt ist meistens die beste Art, die richtige Person zu finden.

Die *Association of Pet Behaviour Counsellors* (E-Mail: apbc@petbcent.demon.co.uk • Website: http://webzone1.co.uk/www/apbc) ist eine international tätige Vereinigung professioneller Tierpsychologen und -therapeuten, die über die Zeit und Fachkenntnisse verfügen, die nötig sind, um zufriedenstellende Ergebnisse zu erzielen. Auskünfte erteilen natürlich auch die kynologischen Organisationen:

Deutschland:
Verband für das deutsche Hundewesen (VDH)
Westfalendamm 174
D - 44141 Dortmund

Österreich:
Österreichischer Kynologenverband ÖKV
Johann Teufel-Gasse 8
A - 1230 Wien

Schweiz:
Schweizerische Kynologische Gesellschaft
Länggaßstraße 8
CH - 3012 Bern

REGISTER